The Blessing Life

축복의 삶

프롤로그 Prologue

"사랑하는 자여 네 영혼이 잘 됨같이 네가 범사에 잘 되고 강건하기를 내가 간구하노라" (요한 3서 1:2)

성경은 축복의 책입니다. 축복을 위한 책이 아니라, 하나님께 순종한 자에게 베풀어주셨던 축복에 관하여 기록하고 있는 말씀입니다.

우리의 삶에 가장 큰 축복은 무엇일까요?

아담으로부터 시작하여 예수그리스도까지 이어지는 축복의 계보를 통하여 가장 큰 축복은 그리스도를 영접하여 얻어진 구원의 축복임을 말씀하고 있습니다. 세상에서는 범사가 잘되면 축복을 받았다고 합니다. 그러나 성경은 영혼의 축복에서 시작하여 우리의 삶에 이루어지는 범사의 축복으로 이어짐을 말씀하고 있습니다.

성경 속에서 축복을 받은 인물들을 살펴보면, 그들은 영혼이 잘 되는 축복을 좇아 갔습니다. 그러기에 세상에서의 축복을 찾는 길과는 전혀 다른 길로 시작한 것을 볼 수 있습니다. 아브라함은 아버지의 집을 떠남에서부터 축복이 시작되었고, 야곱은 천사와의 싸움에서부터 축복이 시작되었습니다. 요셉은 꿈 때문에 형들에게 미움을 받아 애굽에 종으로 팔려가게 되었지만, 결국 꿈은 요셉을 축복으로 이끌어가는 통로가 되었습니다. 세상에서는 축복이 아닌 실패와 절망을 선택한 것 같아 보이지만, 영혼의 축복을 선택하고 순종하고 좇아갔던 그들은 결국 하나님의 축복의 주인공이 되었습니다.

축복의 삶 시리즈를 통해 세상의 방법이 아닌 하나님의 방법으로 얻는 축복에 대해 나누고자 합니다. 오늘날 기복신앙과 번영신학의 갈등 속에서 강단에서 축복에 대한 언급도 기피하는 축복 기피증까지 자리

잡은 시대에 우리는 성경을 통해 축복에 대한 정의를 다시 살펴보고자 합니다.

예수님은 산상수훈의 말씀을 통해 축복이 무엇인지 정의해 주셨습니다. 눈에 보이는 물질적인 것이 축복의 전부가 아니라, 보이지 않는 영적인 축복에서부터 땅에서 얻는 축복까지 모든 것으로 베풀어주시는 축복을 얻어야 함을 말씀하고 있습니다.

이 책을 통해 성경속에 축복의 주인공들이 받은 축복이 무엇인지를 살펴보고, 우리의 삶에도 풍성하게 베풀어주시는 하나님의 축복을 받는 은혜가 있기를 소망합니다.

어거스틴은 말했습니다. "하나님은 우리가 하나님의 축복을 간절히 바라는 것보다 더 간절히 우리에게 복주시기를 원하신다" 내가 간절히 원하는 축복이 아니라, 하나님께서 우리에게 간절히 주시고자 하시는 그 축복을 누리기를 기대합니다.

책이 나오기까지 수고해 준 문서선교부와 한결같은 사랑과 기도를 아끼지 않는 영통영락교회 성도님들께 감사합니다. 멀리 미국에서 홀로 지내면서도 항상 행복하다고 말하는 아들과 미국에서나 한국에서나 늘 함께있어 큰 힘으로 응원하며 목회의 든든한 동역자가 되어주는 아내에게도 고마움을 표현합니다.

또한 지금까지 목회자의 길로 기도하며 이끌어주신 부모님께 감사드립니다. 모든 영광을 오직 하나님께 돌려드립니다.

  축복의 통로가 되길 소망하는 영통영락교회에서
  고요셉 목사

The Blessing Life 축복의 삶

1판 1쇄 발행 2023년 2월 5일
1판 1쇄 인쇄 2023년 2월 5일

지은이	고요셉
펴낸이	정신일
편집	홍소희
교정	이숙자
펴낸곳	크리스천리더
일부총판	생명의 말씀사 (02) 3159-7979
등록	제 2-2727호(1999. 9.30)
주소	부천시 중동로 100 팰리스카운티 아이파크 상가 301호
전화	032) 342-1979
팩스	032) 343-3567
출간상담	E-mail:chmbit@hanmail.net
홈페이지	www.cjesus.co.kr
유튜브	크리스천리더TV

ISBN : 978-89-6594-354-9   03230

정가 : 12,000원

- 이 출판물은 저작권법에 의해 보호받는 창작물이므로,
  무단 복제와 무단전재를 할 수 없습니다.

- 잘못된 책은 구입하신 곳에서 바꿔드립니다.

[목차]

1. 떠남의 축복 _ The Blessing of Leaving • *6*

2. 이김의 축복 _ The Blessing of Prevailed • *27*

3. 꿈꾸는 축복 _ The Blessing of Dreaming • *49*

4. 가문의 축복 _ The Blessing of Household • *70*

5. 응답의 축복 _ The Blessing of Respond • *91*

6. 고난 후 축복 _ The Blessing beyond Suffering • *112*

7. 채움의 축복 _ The Blessing of Filling • *131*

8. 구함의 축복 _ The Blessing of Seeking • *150*

9. 순종의 축복 _ The Blessing of Obedience • *171*

10. 만족의 축복 _ The Blessing of Satisfaction • *192*

1. 떠남의 축복
_the Blessing of Leaving

출애굽기 5:1-5

여호와께서 아브람에게 이르시되 너는 너의 고향과 친척과 아버지의 집을 떠나 내가 네게 보여 줄 땅으로 가라 내가 너로 큰 민족을 이루고 네게 복을 주어 네 이름을 창대하게 하리니 너는 복이 될지라 너를 축복하는 자에게는 내가 복을 내리고 너를 저주하는 자에게는 내가 저주하리니 땅의 모든 족속이 너로 말미암아 복을 얻을 것이라 하신지라 이에 아브람이 여호와의 말씀을 따라갔고 롯도 그와 함께 갔으며 아브람이 하란을 떠날 때에 칠십오 세였더라 아브람이 그의 아내 사래와 조카 롯과 하란에서 모은 모든 소유와 얻은 사람들을 이끌고 가나안 땅으로 가려고 떠나서 마침내 가나안 땅에 들어갔더라 아브람이 그 땅을 지나 세겜 땅 모레 상수리나무에 이르니 그 때에 가나안 사람이 그 땅에 거주하였더라 여호와께서 아브람에게 나타나 이르시되 내가 이 땅을 네 자손에게 주리라 하신지라 자기에게 나타나신 여호와께 그가 그 곳에서 제단을 쌓고 거기서 벧엘 동쪽 산으로 옮겨 장막을 치니 서쪽은 벧엘이요 동쪽은 아이라 그가 그 곳에서 여호와께 제단을 쌓고 여호와의 이름을 부르더니 점점 남방으로 옮겨갔더라 성경에는 수많은 축복의 이야기들을 기록하고 있습니다. 천지를 창조하신 하나님은 아담과 하와를 만드시고, 창세기 1장 28절에 말씀하십니다.

　"하나님이 그들에게 복을 주시며 하나님이 그들에게 이르시되 생육하고 번성하여 땅에 충만하라, 땅을 정복하라, 바다의 물고기와 하늘의 새와 땅에 움직이는 모든 생물을 다스리라 하시니라"

　"하나님이 그들에게 복을 주시며" 천지를 창조하신 하나님은 인간에게 복을 주셨습니다. 우리의 삶에 가장 큰 축복은 무엇일까요? 예수님을 믿고 죄사함을 받고 구원받는 것입니다. 그리고 구원의 축복을 받은 우리에게는 하나님께서 이 땅에서도 하나님의 자녀에게 베풀어주시는 많은 축복이 있다는 것입니다. 자녀가 잘되기를 바라는 마음은 모든 부모가 가지고 있는 마음입니다. 어떤 부모가 내 자식이 잘 안되고, 내 자녀가 망하기를 바라겠습니까? 자녀가 어리든지 아니면 나이가 반백 살이 된 어른이라도 부모에게는 하나같이 잘되기를 바라는 자녀라는 것입니다. 그래서 이런 말이 있지 않습니까?

90세 먹은 노모가 70세 아들 나가는 길에 차 조심해라, 끼니 챙겨 먹어라 말하는 것 같이 부모들은 언제나 자식 걱정, 자식이 잘 되기를 바란다라는 것입니다.

그렇다면 하나님은 하나님의 자녀를 어떻게 생각하실까요? 하나님도 우리가 잘되기를 바라시는 분이심을 믿으시기 바랍니다. 민수기 6장 24-26절은 말씀합니다.

"여호와는 네게 복을 주시고 너를 지키시기를 원하며 여호와는 그의 얼굴을 네게 비추사 은혜 베푸시기를 원하며 여호와는 그 얼굴을 네게로 향하여 드사 평강 주시기를 원하노라 할지니라 하라"

하나님은 우리에게 복을 주시고, 은혜를 베푸시고, 평강을 주시기 원하시는 분이심을 믿으시기 바랍니다. 하나님이 주시는 축복은 하나님의 자녀들이 받을 수 있는 특권(privilege)입니다. 어떤 이들은 기복신앙은 잘못된 것이라고, 경계하라고 말합니다. 맞습니다. 만약에 예수님을 믿는 것이 복을 받으려고 믿는다면 그것은 잘못된 것입니다. 내가 열심히 충성하고 봉사하고 순종하는 목적이 세상의 복, 물질의 복을 받기 위해 하는 것이라면 그것은 기복신앙이 될 수 있습니다. 성경적 축복이 무엇인지 잘못 알고 있는 것입니다. 그러나 내가 하나님의 자녀이기 때문에 복을 받는 것은 잘못된 것이 아닙니다. 하나님의 자녀에게 마땅히 주시는 축복을 누리는 것은 잘못된 신앙이 아닙니다. 기복신앙이라는 말 때문에 마땅히 복을 받아야 할 하나님의 자녀들이, 우리 믿는 성도들이 마치 하나님으로부터 복을 받는 것에 대한 거부반응을 가져야 할 이유가 없다는 것입니다. 우리는 하나님께서 약속하시는 축복, 하나님의 자녀에게 주시는 그 축복을 누리는 자들이 되어야 할 줄 믿습니다.

오늘은 그 첫 번째 시간입니다. '떠남의 축복(The Blessing of Leaving)'이라는 제목으로 떠나는 것이 왜 축복인지 함께 나누기를 원합니다. 떠나는 것을 좋아하는 분이 계십니까? 익숙한 자리에서 떠나는 것 즉 내가 살던 고향이 될 수 있고, 가정이 될 수 있고, 생활의 터전이 될 수 있습니다. 익숙한 자리에서 떠난다는 것은 쉬운 것이 아닙니다. 그런데 그 이유가 내가 원해서 떠나는 것이 아니라 어쩔 수 없어서 등 떠밀려서, 혹은 쫓겨나듯 떠나야 하는 순간이 있습니다. 1997년에 우리나라에 IMF가 일어났습니다. 수많은 사람들이 직장과 일터를 잃어버렸습니다. 제가 미국에 갔더니 IMF때 한국에서 미국으로 이민 오셨던 분들이 많으셨습니다. 말 그대로 등 떠밀려서 미국에 온 것입니다. 한국에서 도저히 먹고 살 수가 없어서 미국에 맨몸으로 와서 영어를 못하니 낮에는 세탁소에서 일하고, 밤에는 건물 청소하고, 잔디 깎는 일을 하면서 미국 생활에 정착하신 분들 이야기를 들어보면 하나같이 하시는 말들이 내가 원래는 오기 싫었다 라는 것입니다. 남들은 외국 가니 좋겠다고 하지만 떠날 수밖에 없어서 떠난 사람들은 울면서 먼 길을 떠나는 것입니다.

오늘 첫 번째 축복의 주인공인 아브람의 축복은 '떠남에서 오는 축복'이었습니다. 창세기 12장에 처음 존재를 나타낸 아브람은 그가 어떤 사람인지를 알려주기도 전에 밑도 끝도 없이 떠나라는 말씀을 듣게 됩니다. 왜 떠나야 하는지, 어디로 가라는 것인지, 거기 가면 어떻게 먹고 살아야 할지, 하나님은 아무런 말씀을 하지 않으시고 그냥 떠나라고 명령하십니다. 하지만 순종했던 아브람은 떠남으로 인해 복을 받게 되었습니다. 어떻게 떠나는 것이 축복이 될 수 있었을까요?

첫 번째, 떠나야 인도함을 받습니다.

1절 말씀입니다.

"여호와께서 아브람에게 이르시되 너는 너의 고향과 친척과 아버지의 집을 떠나 내가 네게 보여 줄 땅으로 가라" (창 12:1)

하나님께서는 아브람에게 떠나라고 말씀하고 계십니다. 왜 떠나라고 말씀하십니까? 떠나야 하나님의 인도하심을 받을 수 있기 때문입니다. 가만히 멈춰있으면 가만히 머물러 있으면 하나님이 인도하고 싶으셔도 인도하실 수 없다 라는 것입니다.

자동차가 움직이기 위해서는 시동이 걸려야 합니다. 옛날에 놀이공원에 가면 동전을 넣고 움직이는 자동차가 있었습니다. 곰 모양도 있고 호랑이 모양도 있어서 옆에 돈 넣는 곳에 오백 원을 넣으면 노랫소리가 나오면서 움직입니다. 그때는 오백 원도 큰 돈이었습니다. 그래서 타고는 싶은데 돈은 없어서 그냥 호랑이랑 사자에 올라탑니다. 아무리 핸들을 흔들어도 꿈쩍도 안 합니다. 돈을 넣어야 움직이고 왔다 갔다 하는 것입니다.

하나님이 인도하시기 위해서는 어떻게 해야 합니까? 떠나야 합니다. 나와야 되는 것입니다. 어디에서부터 떠나라고 말씀하십니까? '너의 고향과 친척과 아버지의 집을 떠나라'고 말씀하십니다.

'아버지의 집(your father's house)을 떠나라'는 이 말씀이 독립해라, 이제 결혼도 했는데 아버지 집에서 나오라는 말이 아닙니다. 지금 아브람이 능력이 없어서 아버지의 집에 붙어 살고 있는 것으로 생각하면 안 됩니다. 당시에 아버지와 결혼한 아들이 함께 사는 것은 유목사회에서는 익숙한 모습이었습니다. 모세는 장인이었던 이드로의 집에서 40년 동안 살았습니다. 아버지 집에서 독립하라는 것이 아니지요. 어디에서부터 떠나라는 것입니까? 고향과 친척과 아버지의 집 즉 익숙한 삶에서부터 떠나라는 것입니다. 그곳이 잘못된 곳이라면, 올바른 인도와 방향을 받지 못하는 곳이라면 그곳에서 떠나서 하나님이 인도하시는 삶으로 가라는 것입니다.

사람들 사는 게 다 똑같아 보여도 조금씩 다릅니다. 가정의 분위기가 다르고 습관과 중요하게 생각하는 게 다릅니다. 이것을 가풍이라고 말합니다. 어떤 집은 온 가족이 한 상에서 밥을 먹는 것이 중요한 가정이 있습니다. 밥 먹는 것도 조용히 먹어야 하고 떠들면 안 되는 그 집만의 분위기가 다 있습니다.

전통을 중시하는 가정들도 있습니다. 제사를 지내는 것을 중요하게 여기는 집도 있습니다. 가정마다 다 특색이 있고 분위기가 있고 문화와 습관이 있습니다. 아브람의 집에는 무엇이 있었습니까? 그의 가정의 전체적 배경을 말하지는 않지만 여호수아 24장 2절에 데라에 대해 성경은 말합니다.

"여호수아가 모든 백성에게 이르되 이스라엘의 하나님 여호와께서 이같이 말씀하시기를 옛적에 너희의 조상들 곧 아브라함의 아버지, 나홀의 아버지 데라가 강 저쪽에 거주하여 다른 신들을 섬겼으나"

무슨 말입니까? 데라의 집은 우상을 섬겼다는 것입니다. 아브람도 아버지 데라와 같이 우상을 섬겼는지는 알 수 없지만 하나님을 믿지 않는 우상을 섬기는 가정에서 아브람이 살고 있었다는 것입니다. 그러니 그곳에서부터 떠나라고 명령하고 있는 것입니다. 우상을 섬기는 가정에서 계속 머물러 있으면 하나님의 인도하심을 받을 수가 없습니다. 하나님께서 아브람을 복 주시기 위해 선택하셨으니 이제는 그곳에서부터 떠나 하나님이 인도하시는 곳으로 가라는 것입니다.

그렇다면 하나님은 차라리 그 데라의 집, 아브람의 모든 가족을 다 변화시키시지 아브람의 가정만 그곳을 떠나라고 명령하셨을까? 하나님은 완전한 구별, 완전한 분리를 말씀하고 계시는 것입니다. 하나님이 아브람을 고향에서부터 떠나라고 하신 것은 아브람부터 새로운 족보, 새로운 역사를 써 내려가기 위해서 분리하는 작업을 하고 계신 것입니다. 하나님은 우리를 고쳐서 사용하실 때가 있습니다. 깨닫게 하시고, 삶의 자리에서 변화를 요구하실 때가 있습니다. 그러나 때로는 하나님이 완전히 방향을 바꾸실 때도 있습니다. 떠나라고 명령하실 때도 있습니다. 왜냐하면 하나님은 새로운 일, 새로운 역사를 행하셔야 하기 때문입니다. 1절 후반절에 하나님은 말씀하십니다.

"…아버지의 집을 떠나 내가 네게 보여줄 땅으로 가라" (창 12:1)

떠남이 축복이 될 수 있는 것이 여기에 있습니다. 떠나면 하나님이 인도하신다 라는 것입니다. 어디에서부터 떠나야 합니까? 집을 나가라는 것입니까? 생업터를 버리고 떠나라는 것입니까? 아닙니다. 세상을 의지하고, 사람을 의지하고, 환경을 의지하며 살았던 그 삶에서부터 떠나라는 것입니다. 아브람에게 아버지의 집을 떠난다는 것은 하나님이 주인이 아니라 우상을 섬기고 우상이 주인이었던 그 삶에서부터 떠나라는 것입니다. 하나님이 인도하시는 삶을 살기 위해서는 내가 익숙하게 의지하고, 믿고 살았던 그 세상의 삶에서부터 떠나라는 것입니다.

사람은 익숙함을 좋아합니다. 식당도 항상 가는 식당에 가고, 카페도 항상 가는 곳만 갑니다. 세탁소도 가는 곳만 가고, 미용실도 같은 곳에 갑니다. 그런데 죄성도 익숙해 질 수 있습니다. 영적인 나태함도 금방 익숙해집니다. 예배를 빠지는 것 한 번, 두 번, 세 번 빠지다 보면 영적으로 둔해집니다. 십일조와 헌신을 한 번, 두 번 빼먹고 멈추다 보면 익숙해져 버립니다. 죄와 어울리고 세상의 유혹을 받아들이며 뭐 세상을 그렇게 빡빡하게 사냐고, 여유 있게, 마음 넓게, 즐길 때는 좀 즐기며 살다가 하나 둘씩 용납하다 보면 그것이 익숙해져 버립니다. 그러면 하나님의 인도하심을 받을 수가 없습니다. 하나님이 함께 하실 수가 없는 것입니다. 그런데 떠나면 하나님이 함께하십니다. 하나님이 인도하시도록 우리는 내가 믿고 의지하는 것에서 떠나야 합니다. 익숙한 영적 게으름에서 떠나시기 바랍니다. 익숙한 세상의 죄에서부터 떠나야 합니다.

두 번째, 떠나면 약속을 받습니다.

2절 말씀입니다.

"내가 너로 큰 민족을 이루고 네게 복을 주어 네 이름을 창대하게 하리니 너는 복이 될지라" (창 12:2)

여행자 보험이라는 것이 있습니다. 이 보험은 여행할 때만 적용되는 보험입니다. 아무리 비싼 여행자 보험을 가입해도 떠나지 않으면 소용이 없습니다. 떠나야지만 효과를 볼 수 있는 것입니다. 어떤 것들은 떠나지 않으면 손해를 보는 것들이 있습니다. 비행기는 예약하고 나타나지 않으면 비행기 값만 포기하는 것이 아니라 페널티를 받게 됩니다. 말 그대로 벌금을 내야 하는 것입니다. 어떤 호텔은 노쇼(no-show)하게 되면 벌금을 물게 하는 호텔도 있습니다. 떠나서 그 자리에 있으면 누릴 수 있지만, 떠나지 않는다면 오히려 손해가 되는 것입니다. 하나님은 아브람에게 떠나라고 말씀하시고 떠날 때에 베푸시는 은혜에 대해 말씀하고 계십니다.

"내가 너로 큰 민족을 이루고 네게 복을 주어 네 이름을 창대하게 하리니 너는 복이 될지라" (창 12:2)

우리말 성경에서 생략된 것이 있습니다. 그것은 바로 'I will(내가 그렇게 하리라)' 입니다. 영어 성경(NIV)에서는 'I will make of you a great nation, I will bless you I will make your name great'이라고 'I will'을 강조합니다. 여기서 'I(내가)'는 누구입니까? 하나님입니다. 따라서 직역하면 이렇게 말할 수 있습니다. '내가 너로 큰 민족을 이루고, 내가 네게 복을 주고, 내가 네 이름을 창대하게 하리니 나로 인해 너는 복이 될지라'입니다. 누가 반복됩니까? '내가' 즉 하나님이 반복되고 있습니다. 떠나면 하나님이 약속하신다 라는 것입니다. 무엇을 약속하십니까? 내가 책임진다 라는 것이지요. 내가 복을 준다 라는 것입니다. 하나님이 책임지시는 여행을 지금 떠나라는 것입니다.

누군가에는 떠남이라는 것이 두려움이 될 수 있습니다. 모험이 될 수 있어요. 지금 아브람에게는 그렇지 않습니까? 목적지를 모릅니다. 방향을 모르고 결과도 모릅니다. 그러나 하나님이 약속하십니다. 떠나면 복 주신다 라는 것입니다. 떠나면 내가 책임진다 라는 것입니다. 그러니 너는 나에게 맡기고 그냥 떠나기만 하면 된다 라는 것입니다. 이런 여행이라면 할 만한 여행 아닙니까? 이런 떠남이라면 가만히 있으면 손해입니다. 떠나는 것이 축복 아닐까요?

그런데 조건이 있습니다. 누구와 함께해야 합니까? 하나님과 함께해야 합니다. 그분께 모든 것을 다 맡겨야 합니다. 아브람은 지금 아버지의 집을 떠납니다. 고향을 떠납니다. 그의 삶의 터전을 떠나 하나님이 인도하시는 땅으로 몸을 맡기니 그때부터 바로 하나님이 인도하시고, 하나님이 이루어주시고, 하나님이 복을 주심을 약속하신 것입니다. 하나님의 자녀들은 이 땅에서 누구와 함께 살아가는 것입니까? 하나님과 함께 살아가는 것임을 믿으시기 바랍니다. 내 삶의 은혜와 축복은 누가 책임지시는 것입니까? 하나님이 책임지시는 것입니다. 하나님이 복을 주셔야 복 받는 것이고, 하나님이 열어주셔야 열리는 것이고, 하나님이 은혜를 주셔야 은혜받는 것입니다. 내 힘으로 할 수 있는 것이 아닙니다. 호흡하고 움직이며 살아가는 이러한 삶 조차도 하나님의 은혜 없이 우리는 하루도 살아갈 수 없는 것을 기억해야 합니다.

예레미야 33장 2-3절에 말씀합니다.

"일을 행하시는 여호와, 그것을 만들며 성취하시는 여호와, 그의 이름을 여호와라 하는 이가 이와 같이 이르시도다 너는 내게 부르짖으라 내가 네게 응답하겠고 네가 알지 못하는 크고 은밀한 일을 네게 보이리라"

떠남으로 무엇을 받습니까? 하나님의 약속을 보장받는 것입니다. 하나님을 전적으로 의지하는 삶을 살아가는 것입니다. 나는 길을 걸어갈 뿐이고 이 길을 인도하시고 이루시는 분은 하나님이시라는 것을 신뢰하는 것입니다. 저희 사모는 여행을 좋아하지만, 한편으로는 부담스러워하기도 합니다. 왜냐하면 준비하는 게 다 일이기 때문입니다. 여성분들이 특히 그러는 것 같습니다. 남자분들은 갑자기 캠핑가자, 여행가자며 즉흥적일 때가 있습니다. 그런데 사실 캠핑 하나 가도 준비해야 할 것이 한두 개가 아닙니다. 분명히 간단히 가서 라면이나 끓여먹자고 했는데 김치 챙기고, 고기 먹어야 하니까 쌈장

챙기고, 그래도 고기 먹으면서 된장찌개나 찌개 하나 먹어야 하지 않겠냐고 하면서 국거리 챙깁니다. 그러면 벌써 한 짐이예요. 이러려면 뭐하러 캠핑갑니까? 그냥 집에서 먹지요.

하나님은 아브람의 걱정을 알고 계십니다. 막상 떠나려고 하니 어디서부터 시작해야 할지, 어디로 가야 할지, 뭐 먹고 살아야 할지 걱정하는 그에게 하나님은 미리 약속하고 계시는 것입니다. '내가 다 준비했다' '다 이루리라' 하나님은 우리의 삶의 모든 것을 다 계획하시고 인도하시는 분이심을 믿으시기 바랍니다. 여러분의 삶을 주님께 맡기세요. 삶의 계획이 있습니까? 꿈과 비전이 있습니까? 일터와 가정과 자녀가 있습니까? 가장 먼저 누구에게 맡겨야 합니까? 모든 것을 이루시는 하나님께 기도하고 맡기시기 바랍니다. 그리고 의심하지 마세요. 말은 떠난다고 하면서 세상, 염려, 근심, 걱정, 차선책, 계획 등 내가 다 가지고 떠나면 안 됩니다. 기도는 하면서 속으로는 그래도 내 계획대로 할 생각이고, 순종한다고 하면서 속으로는 그래도 내 뜻대로 할 생각이라면 떠나는 자의 모습이 아닙니다. 하나님은 아브람에게 축복을 약속하셨고 하나님이 이룬다고 말씀하셨습니다. 네가 살고 있는 그 땅, 너희 고향에서는 절대로 이룰 수 없는 것, 하나님을 믿고 신뢰하고 하나님의 뜻에 순종하며 떠나면 하나님이 이루신다고 말씀하고 계신 것입니다.

3절 말씀을 보십시오.

"너를 축복하는 자에게는 내가 복을 내리고 너를 저주하는 자에게는 내가 저주하리니 땅의 모든 족속이 너로 말미암아 복을 얻을 것이라 하신지라" (창 12:3)

그런데 그냥 하나님 알아서 하십시오, 나는 모르겠습니다, 나는 놓겠습니다 라는 것이 아닙니다. 하나님이 인도하시는 대로 가는 것입니다. 하나님께 의지하며 기도하는 것입니다. 하나님께 답을 구하는 것입니다. 그러면 하나님께서 반드시 이루어주시는 축복을 주실 줄 믿습니다.

세 번째, 떠나야 목적지에 도착합니다.

7절 말씀입니다.

"여호와께서 아브람에게 나타나 이르시되 내가 이 땅을 네 자

손에게 주리라 하신지라 자기에게 나타나신 여호와께 그가 그곳에서 제단을 쌓고" (창 12:7)

아브람의 떠남은 목적지가 없는 떠남이었습니다. 모험과 같았습니다. 그러나 그가 하나님의 인도하심에 따라 걸어가다 보니 결국 하나님이 약속하신 땅에 도착하게 됩니다. 모든 것은 결국 목적지에 도착하게 되어 있습니다. 산에서 흐르는 시냇물이 강을 만나고 그 강이 결국 바다에 이르고, 망망대해를 떠난 배가 항해를 하다 보면 결국 항구에 도착하듯 모든 것들은 결국 목적지에 도착하게 됩니다.

인생도 그렇지 않습니까? 사람이 태어나면 죽음이 있고, 만남이 있으면 헤어짐이 있습니다. 기쁨이 있으면 슬픔도 오고, 만족이 있으면 공허함도 찾아옵니다. 그런데 중요한 것은 그 목적지가 어디로 향하고 있느냐 하는 것입니다. 인생의 끝이 절망으로 끝이 나고, 불행으로 끝나고, 죽음으로 끝난다면 그 시작부터 불행을 향하여 가는 인생 아닙니까? 그러나 주님과 함께, 하나님과 함께 시작하면 그 끝은 축복으로 인도하심을 믿으시기 바랍니다.

아브람의 시작은 목적지가 없이 떠나온 것 같고 무모한 도전 같습니다. 그러나 그는 계속해서 축복의 목적지를 향하여 달려가고 있었던 것입니다. 하나님이 우리의 삶에 떠남을 요구하십니다. 무모한 순종을 요구하실 때가 있습니다. 내 생각으로는 이 길이 훨씬 더 성공으로 가는 빠른 길 같아 보이지만, 하나님은 그때에 돌아가라고 하십니다. 기도하라고 하십니다. 때로는 포기하라고도 하십니다. 그러나 분명한 것은 하나님이 우리를 가장 정확하게 목적지로 인도하고 계신다는 것입니다.

모르는 길을 갈 때에 네비게이션을 켜고 따라갑니다. 그런데 네비게이션이 한 번도 가보지 않는 새로운 길로 방향을 틀 때가 있습니다. 옛날부터 있었던 고속도로를 벗어나서 갑자기 국도를 달리게 합니다. 그러면 이제 갈등이 생깁니다. 그냥 고집하면서 내가 익숙한 길로 갈 것인가? 아니면 네비게이션이 가르쳐주는 길을 갈 것인가? 가는 것은 똑같습니다. 목적지도 같습니다. 그런데 새로운 길을 가다 보면 언제 이런 도로가 뚫렸나 놀랄 때가 있습니다. 그리고 항상 가던 길보다 훨씬 더 빠르고 편하게 목적지에 도착할 때가 있습니다. 하나님이 우리의 삶을 인도하시는 길이 때로는 더디 가는 것 같이 보일 때가 있습니다. 왜 하나님 신속하게 인도하시지 않는가? 왜 내 기도에 더디 응답하시는 것 같은가? 우리 하나님은 우리가 가지고 있는 어떤 네비게이션 보다도 더 정확하게 우리의 삶을 인도하시는 분이심을 믿으시기 바랍니다.

결국 목적지가 정해져 있습니다. 하나님이 약속하신 것을 이루시는 순간이 찾아옵니다. 그때에 하나님은 우리에게 말씀하십니다. '내가 이 땅을 너에게 주리라!' '이곳에서부터 내가 너에게 복을 주리라!' 그때까지 우리는 의심하지 말고 인내하며 믿음으로 전진해야 합니다. 이스라엘 백성이 애굽에서부터 가나안까지 직선거리로 이동했을까요? 아닙니다. 이스라엘 백성들의 동선을 살펴보면 복잡하리만큼 돌아서 갑니다. 그런데 이렇게 돌아가고 때로는 갔던 길을 다시 가게 하신 하나님의 계획이 있다라는 것입니다. 돌아가게 하시는 것 같지만, 그 길이 수백만의 이스라엘 백성이 가나안으로 가는 가장 안전하고 빠른 길이었던 것입니다.

아브람은 떠남으로 축복의 여정을 시작하였습니다. 떠나고 나니 그는 축복의 땅에 도착하게 되었습니다. 하나님 말씀에 순종하며 떠나시기 바랍니다. 인내하며 기다리고 끝까지 포기하지 말고 전진하시기 바랍니다. 도전하세요. 우리의 신앙의 여정은 아직 끝나지 않았습니다.

인내하고 기다리면 하나님께서 말씀하실 때가 옵니다. '내가 이 땅을 너에게 주리라!' 그때부터 우리 앞에는 새로운 축복의 길이 열리는 것입니다. 하나님이 이루심을 보게 될 것입니다. 끝까지 믿음으로 전진하며 함께 하시는 성령님과 동행하는 성도가 되시기 바랍니다.

아브람에게는 떠남이 축복이었습니다. 떠나는 그 순간부터 하나님이 그를 인도하시는 축복을 받았고, 떠나게 되면 하나님께서 복을 주신다는 약속의 축복을 받았습니다. 그리고 떠나서 순종하며 걸어가다 보니 축복의 땅에 도착하게 되었습니다.

하나님은 오늘 우리에게도 이러한 순종을 명령하십니다. 익숙한 삶의 자리, 익숙한 세상의 즐거움에서 이제는 떠나시기 바랍니다. 영적 나태함에 있다면 떠나시기 바랍니다. 하나님이 인도하셔야 하는데 자꾸 사람의 인도와 환경의 인도를 받고 살던 그 삶에서 떠나시기 바랍니다. 그리고 하나님께 삶을 맡기세요. 하나님의 인도하심을 구하세요. 눈으로 볼 때는 어려워 보여도 믿음으로 하나님이 나의 가이드가 되시고 나를 복 주시며 나를 복의 근원으로 사용하신다는 것을 믿고 전진하시기 바랍니다.

조지 뮬러 목사는 이런 말을 했습니다.

"하나님은 우리 힘으로 가능한 일에 대해서 믿으라고 하지 아니하시고 불가능한 일에 대해서 믿으라고 요구하신다."

하나님의 인도하심을 바라보며 떠남의 축복을 믿고 순종하여 약속의 땅을 얻는 그 응답과 기적을 경험하는 성도가 되시기를 바랍니다.

2. 이김의 축복

_The Blessing of Prevailed

창세기 32:24-32

야곱은 홀로 남았더니 어떤 사람이 날이 새도록 야곱과 씨름하다가 자기가 야곱을 이기지 못함을 보고 그가 야곱의 허벅지 관절을 치매 야곱의 허벅지 관절이 그 사람과 씨름할 때에 어긋났더라 그가 이르되 날이 새려하니 나로 가게 하라 야곱이 이르되 당신이 내게 축복하지 아니하면 가게 하지 아니하겠나이다 그 사람이 그에게 이르되 네 이름이 무엇이냐 그가 이르되 야곱이니이다 그가 이르되 네 이름을 다시는 야곱이라 부를 것이 아니요 이스라엘이라 부를 것이니 이는 네가 하나님과 및 사람들과 겨루어 이겼음이니라 야곱이 청하여 이르되 당신의 이름을 알려주소서 그 사람이 이르되 어찌하여 내 이름을 묻느냐 하고 거기서 야곱에게 축복한지라 그러므로 야곱이 그 곳 이름을 브니엘이라 하였으니 그가 이르기를 내가 하나님과 대면하여 보았으나 내 생명이 보전되었다 함이더라 그가 브니엘을 지날 때에 해가 돋았고 그의 허벅다리로 말미암아 절었더라 그 사람이 야곱의 허벅지 관절에 있는 둔부의 힘줄을 쳤으므로 이스라엘 사람들이 지금까지 허벅지 관절에 있는 둔부의 힘줄을 먹지 아니하더라

올림픽 경기에 많은 종목들이 있지만, 가장 하이라이트면서 올림픽의 꽃이라고 불리는 경기는 마라톤 경기입니다. 42.195km를 달리는 마라톤 경기는 사실 그 시작이 인간의 한계를 극복하고자 하는 데에서 시작되었습니다. 그래서 짧은 시간내에 결과를 얻는 단거리 달리기와는 다르게 마라톤 경기는 끊임없는 자기와의 싸움에서 속도와 호흡을 잘 조절하는 선수가 승리하게 됩니다. 그래서 초기 마라톤 경기의 승리는 끝까지 포기하지 않고 완주하는데 그 목적을 두고 시작했습니다.

우리의 신앙은 단거리 경주일까요? 아니면 마라톤 경주일까요? 신앙생활은 마라톤 경주와 같습니다.

사도 바울은 빌립보서 3장 13-14절에 말씀합니다.

"형제들아 나는 아직 내가 잡은 줄로 여기지 아니하고 오직 한 일 즉 뒤에 있는 것은 잊어버리고 앞에 있는 것을 잡으려고 푯대를 향하여 그리스도 예수 안에서 하나님이 위에서 부르신 부름의 상을 위하여 달려가노라"

우리는 푯대를 향하여, 부름의 상을 바라보며 끝까지 인내하며 달려가야 하는 마라톤 선수들과 같다 라는 것입니다. 그렇게 인내하며 달려가다 보면 반드시 하나님께서 우리에게 약속하신 그 축복을 받게 될 줄 믿습니다.

오늘 본문의 축복의 주인공은 바로 야곱입니다. 야곱의 인생을 한 문장으로 정의하자면 그는 '축복을 좇아 살아간 사람'이라고 말할 수 있습니다. 어릴 때부터 형 에서의 장자권을 팥죽 한 그릇에 빼앗은 야곱은 장성한 후에는 아버지 이삭을 속여 형의 축복권을 가로채게 됩니다. 그리고 삼촌 라반의 집에서도 자신의 원하는 아내 라헬을 얻기까지 14년의 시간을 종살이를 하게 되고 그곳을 떠날 때에도 꾀를 써서 가장 좋은 양들만을 가지고 나왔던, 인간적으로 보면 얄미울 정도로 축복에 갈급했던 사람이 바로 야곱이었다 라는 것입니다.

그런데 하나님은 왜 이런 야곱에게 복을 주셨는가? 그에게는 바로 축복을 얻고자 하는 갈망이 있었기 때문입니다. 하나님은 이러한 야곱의 갈망, 축복을 얻고자 인내하고 노력하고 달려갔던 야곱의 열심을 기쁘게 보신 것입니다. 그런데 에서는 장자권이 팥죽보다 못하다고 생각하고 팔아버렸습니다.

창세기 25장 32절에 말합니다.

"에서가 이르되 내가 죽게 되었으니 이 장자의 명분이 내게 무엇이 유익하리요"

당장에 배가 고프니 장자권 같은 게 자기에게 무슨 유익이 있냐고 하찮게 여겼습니다. 그런데 야곱은 어떠했습니까? 항상 형의 장자권을 자신이 얻기를 바래왔던 것입니다. 야곱에게는 그 장자권은 사람에게 온 것이 아니라 하나님으로부터 온 것이고 자신이 형의 장자권을 소유하게 되면 하나님도 자신에게 장자의 축복을 주실 것이라고 믿었기 때문입니다. 무엇이 축복인지, 무엇이 중요한 것인지를 알았던 야곱은 항상 그것을 갈망하고 구하였다 라는 것이지요.

오늘날 우리에게 필요한 것이 무엇입니까? 바로 이러한 하나님의 은혜, 하나님의 축복을 바라보고 갈망하는 열심이 있어야 한다는 것입니다. 사람은 눈에 보이는 것에 갈망합니다. 물질이 주는 유익을 중요하게 여깁니다. 마치 에서의 모습과 같이 눈앞에 있는 팥죽 한 그릇에 보이지 않는 장자권 조차 하찮게 여겨 버립니다. 그러나 영적인 사람은 무엇을 갈망합니까? 영적인 은혜를 갈망하는 것입니다. 하나님이 주시는 축복과 은혜를 볼 줄 아는 사람이라는 것입니다.

마태복음 13장 44절에 말씀합니다.

"천국은 마치 밭에 감추인 보화와 같으니 사람이 이를 발견한 후 숨겨 두고 기뻐하며 돌아가서 자기의 소유를 다 팔아 그 밭을 사느니라"

 세상 사람들은 보이는 소유가 가장 중요하다고 생각합니다. 좋은 집, 좋은 차, 많은 돈을 가진 사람이 복 받은 사람이라고 생각합니다. 그러나 밭에 감추어진 보화, 참된 축복인 천국을 볼 줄 아는 사람은 자신의 소유를 다 팔아서라도 그것을 얻으려고 한다 라는 것입니다. 주일예배가 드려지는 시간도 세상 사람들에게는 휴일로 생각될 수 있지만, 우리 그리스도인들에게는 이 시간이 가장 복된 시간이며, 세상에서 얻을 수 없는 주님의 큰 은혜를 받는 시간인 줄 믿습니다. 주님의 몸된 교회를 위해 헌신 봉사하는 것을 세상에서는 이해할 수 없지만, 우리는 수고하고 헌신한 자에게 주시는 하나님의 축복을 믿기 때문에 기쁨으로 주님 앞에 나오는 것입니다. 끝까지 인내하고 갈망하여서 하나님이 주시는 복을 받는 성도가 되시기를 바랍니다.

본문의 야곱은 하나님의 사자와 끝까지 씨름을 하며 인내하여 축복을 받게 되었습니다. 그래서 그의 축복은 바로 '이김의 축복'입니다. 야곱이 어떻게 이김의 축복을 받게 되었는지 살펴보고, 우리도 끝까지 인내하고 승리하여 복을 얻는 성도가 되시기를 바랍니다.

첫 번째, 인내가 이기게 한다.

24절 말씀입니다.

"야곱은 홀로 남았더니 어떤 사람이 날이 새도록 야곱과 씨름하다가" (창 32:24)

야곱에게 축복권을 빼앗긴 에서가 군대를 이끌고 지금 야곱을 죽이러 오고 있습니다. 사람의 목숨보다 중요한 것이 무엇이 있겠습니까? 그리고 야곱만 죽이려는 것이 아니라 그의 처와 자식들까지 다 죽일 판입니다. 그러자 야곱은 자신이 가진 모든 소유들을 다 앞서 보내고 홀로 남아서 형 에서를 만날 준비를 하고 있습니다. 그러던 중에 밤에 야곱은 한 사람과 씨름을 하게 됩니다. 왜 이 사람과 씨름을 하게 되었는지, 누가 시비를 먼저 걸어서 씨름이 시작되었는지 성경은 말하고 있지 않습니다. 분명한 것은 야곱은 지금 형 에서를 상대하기 위해서 힘을 비축해도 모자랄 판에 이 사람과 씨름을 하면서 모든 힘을 다 쏟고 있다 라는 것입니다. 그들이 씨름을 하기 시작하는데 언제까지 씨름을 했다고 성경은 말합니까? '날이 새도록 씨름했다(until the breaking of the day)'고 성경은 말합니다. 다시 말해서 끝장이 날 때까지 씨름을 했다는 것입니다. 야곱은 죽을 각오로 천사와 씨름을 했다는 것입니다.

사실 야곱이 지금 힘을 다해 싸워야 할 상대는 천사가 아닙니다. 형 에서와 싸움을 해야 합니다. 그런데 왜 야곱은 이 사람과 밤이 새도록 씨름을 하고 있습니까? 야곱은 이 사람을 이겨야 앞으로 형 에서를 상대할 수 있다는 것을 알았고, 이 사람과의 씨름에서 승리해야 자신에게 축복이 열린다는 것을 알았던 것입니다. 성공을 위해서는 자기 자신과의 싸움에서 이겨야 한다고 말합니다. 왜냐하면 자신과의 싸움에서 이기지 못하면 아무것도 할 수 없기 때문이지요. 군대에 입대한 병사가 당장에 병기를 가지고 최전방으로 배치되는 것이 아니라 훈련소의 과정을 겪게 됩니다. 행군도 하고, 유격훈련도 하고, 화생방 교육도 합니다. 왜 그렇습니까? 적과 싸우기 위해서는 먼저 자기 자신과의 싸움, 스스로가 훈련되고 연단 되는 과정이 반드시 필요하기 때문입니다.

야곱은 이 사람과의 싸움을 피할 수 있었습니다. 시비를 거는 사람을 그냥 무시해 버릴 수 있었습니다. 아니 밤새 싸울 필요가 무엇이 있습니까? 어느 정도 하다가 포기해 버리면서 나는 도무지 못 싸울 것 같다고, 당신이 이긴 걸로 하라고, 나는 지금 싸울 상대가 당신이 아니라 내 형이라고 말할 수 있었을 것입니다. 그러나 야곱은 포기하지 않았습니다. 피하지 않았습니다. 그는 끝까지 매달리며 이 싸움에서 반드시 승리해야 한다는 각오가 있었습니다.

하나님께서 우리에게 복을 주시기 위해서 먼저 우리를 시험하십니다. 우리가 그 사명을 감당할 수 있을지, 복 받을 준비가 되어 있는지 연단의 시간, 훈련의 시간을 갖게 하십니다. 남들이 믿는 것 정도로 나도 믿겠다고, 신앙생활 어느 정도 깊이 빠지지 않고 적당한 수준에서만 하겠다고 생각한다면 하나님의 큰 사명을 감당할 수 없습니다. 하나님은 우리에게 그 정도의 신앙을 요구하시는 것이 아닙니다. 결단의 신앙을 요구하는 것입니다. 예수님을 믿고 신앙생활을 하는 것은 내 인생을 거는 것입니다. 그렇게 지금까지 수많은 신앙의 선배들이 그 길을 걸어왔고 그 긴 씨름과 인내의 싸움에서 그들은 승리를 거두며 살았습니다. 우리의 인생에서 하나님이 이러한 씨름을 걸어오실 때가 있습니다. 믿음의 시험을 주실 때가 있습니다. 아브라함에게 하나밖에 없는 아들 이삭을 바치라고 모리아 산에 올라가게 하실 때가 있습니다. 그때 피하게 되면 거기서 멈추는 것입니다. 그러나 이러한 신앙의 결단에서 끝까지 인내하고 승리하는 성도가 되어야 합니다. 지금까지 야곱의 인생에 모든 복들은 자연스럽게 얻어진 복들이었습니다. 이토록 치열하게 축복을 얻기 위해서 싸워본 적이 없었습니다. 그런데 하나님은 얍복강에서의 씨름을 통해서 그가 얼마나 간절하게 하나님께 복을 얻고자 하는지, 얼마나 간절하게 하나님으로부터 응답을 받고자 하는지를 보고자 하신 것입니다.

  결국 이 씨름은 어떻게 끝나게 됩니까? 25절에 야곱의 승리로 끝나는 것 같아 보입니다.

"자기가 야곱을 이기지 못함을 보고 그가 야곱의 허벅지 관절을 치매 야곱의 허벅지 관절이 그 사람과 씨름할 때에 어긋났더

라" (창 32:25)

밤이 새도록 싸웠지만 야곱은 포기하지 않았습니다. 결국 누가 지칩니까? 천사가 지치게 됩니다. 그 때에 야곱의 허벅지 관절을 쳐서 그를 굴복시키게 만들어 버립니다. 어차피 야곱은 이길 수 없는 씨름이었습니다. 그러나 그는 천사를 지치게 만들어버렸습니다. 야곱은 끝까지 포기하지 않았습니다. 우리도 끝까지 포기하지 마시기 바랍니다. 끝까지 기도하세요. 끝까지 인내하시기 바랍니다. 누군가 말했습니다. 포기는 김장할 때나 쓰는 말이라고. 김치 한 포기, 두 포기. 우리는 끝까지 매달리며 하나님의 은혜를 구하고 뜻을 얻는 성도가 되어야 할 줄 믿습니다.

두 번째, 간절함이 이기게 한다.

26절 말씀입니다.

"그가 이르되 날이 새려 하니 나로 가게 하라 야곱이 이르되 당신이 내게 축복하지 아니하면 가게 하지 아니하겠나이다" (창

32:26)

  아이들을 보면 아주 부모님을 질리게 만들어 버리는 아이가 있습니다. 자기가 원하는 것을 얻지 못하면 끝까지 매달립니다. 한번 울기 시작하면 끝이 없습니다. 우는 아이를 그냥 두면 자기가 지쳐서 안 운다고 하는데 한번 그냥 두니 애가 지치는 게 아니라 부모가 지쳐 버립니다. 그런데 엄마들은 대단합니다. 아빠들은 힘만 세지 의지가 약한 거 같습니다. 저희 아이가 돌이 막 됐을 때 비행기를 타고 미국에서 한국으로 오는데 아이가 울기 시작하자 저는 한 시간도 못 안고 있는데, 저희 사모는 비행시간 16시간 동안 거의 12시간을 안고 왔습니다.

  야곱을 보십시오. 씨름하느라 밤새 힘을 다 뺐습니다. 결국 천사가 그의 환도뼈를 쳐서 이제는 자신의 몸도 제대로 가눌 수 없는 상태가 되었습니다. 천사가 그를 뿌리치고 가려고 할 때 야곱이 어떻게 합니까? 끝까지 그를 붙잡고 놓아주지 않으면서 말합니다. '나에게 축복을 주지 않으면 못 가게 하겠다' 세상에서 가장 무서운 사람이 누구입니까? 끝까지 놔주지 않는 사람입니다. 포기하지 않는 사람입니다. 쓰러져도 계속해서 매달리는 사람, 포기하지 않는 사람, 이 사람을 당할 수는 없습니다. 하나님도 누구를 가장 무서워하실까요? 물론 하나님이 무서워하는 사람은 없지만 하나님이 기도를 들어줄 수밖에 없는 사람이 있습니다. 누구입니까? 끝까지 하나님께 매달리는 사람입니다. 하나님께서 나에게 복을 주시고, 나에게 은혜를 주시지 않으면 내가 여기서 포기하지 않겠다고 매달리는 그 사람에게 하나님은 복을 주십니다. 무엇이 야곱을 그토록 매달리게 했을까요? 그에게는 간절함이 있었습니다. 하나님 앞에서 쿨한 사람이 있습니다. 나는 쿨하기 때문에 하나님 내 기도를 안 들어 주셔도 괜찮습니다. 들어주시려면 들어주시고 마시려면 마십시오 라고 말하는 사람은 절대로 응답 못 받습니다.

잠언 8장 17절에 말씀합니다.

"나를 사랑하는 자들이 나의 사랑을 입으며 나를 간절히 찾는 자가 나를 만날 것이니라"

야곱은 더 이상 잃어버릴 것이 없었습니다. 몸도 불구가 된 상태입니다. 뒤에서는 형 에서가 죽이려고 쫓아옵니다. 그에게 지금 필요한 것은 오직 하나님의 도우심입니다. 주님의 복이 필요했다 라는 것입니다. 그러니 당신이 복을 주지 않는다면 나는 지금이라도 다시 당신과 씨름을 해서 어떻게 해서든지 당신으로부터 복을 얻어내야겠다 라는 것입니다. 간절함을 잊지 않는 성도가 되시기를 바랍니다. 간절함이 이기게 하는 것이고 간절함이 축복을 받는 것입니다.

마태복음 15장에 보면 예수님이 가나안 지방에 가실 때 한 가나안 여인이 예수님을 찾아와서 소리를 지르며 말합니다. 22절 말씀입니다.

"가나안 여자 하나가 그 지경에서 나와서 소리 질러 이르되 주 다윗의 자손이여 나를 불쌍히 여기소서 내 딸이 흉악하게 귀신 들렸나이다 하되" (마 15:22)

여인이 소리 지르며 도와달라고 말할 때에 예수님은 어떻게 하십니까? 23절에 보면 "한 말씀도 대답하지 아니하셨다"라고 말합니다. 말 그대로 무시하셨다는 것입니다. 여자가 얼마나 소리를 지르는지 오히려 제자들이 예수님께 말씀합니다. '예수님, 여인이 민망할 정도로 쫓아오며 도와달라 소리

지르니 그의 간절함을 들어주시든지 아니면 내쫓으시든지 해주세요.' 그러나 주님은 오히려 뭐라고 말씀하십니까? 26절 말씀에 보면 "자녀의 떡을 취하여 개들에게 던짐이 마땅치 않다"라고 말씀하십니다. 여인을 개로 비유해서 말씀하고 계신 것이지요. 보통의 사람들 같으면 뭐라 했겠습니까? 내가 더럽고 치사해서 그냥 간다 라고 말하지 않았겠습니까? 그런데 그 여인은 어떻게 말합니다. 개들도 주인의 상에서 떨어지는 부스러기를 먹는 것 같이 나에게도 떨어지는 은혜, 떨어지는 축복이라도 달라고 매달립니다. 그때 28절에 말씀합니다.

"이에 예수께서 대답하여 이르시되 여자여 네 믿음이 크도다 네 소원대로 되리라 하시니 그 때로부터 그의 딸이 나으니라" (마 15:28)

예수님은 여인을 무시하신 것이 아닙니다. 그만큼 간절하게 주님을 찾기를 기다리셨다 라는 것입니다. 지금 야곱이 말합니다. '나에게 복을 주지 않으면 절대로 가게 하지 않겠습니다.' 그의 간절함을 듣고 천사가 말합니다.

"그가 이르되 네 이름을 다시는 야곱이라 부를 것이 아니요 이스라엘이라 부를 것이니 이는 네가 하나님과 및 사람들과 겨루어 이겼음이니라" (창 32:28)

야곱의 승리를 인정하시고 그에게 복을 주신 것입니다. 사실 이 씨름에서 야곱은 졌습니다. 환도뼈가 부러져서 그는 더 이상 힘을 쓸 수가 없습니다. 그런데 무엇이 이겼다는 것입니까? 그의 간절함으로 이겼다는 것입니다. 끝까지 포기하지 않고 인내함으로 쟁취했다는 것입니다. 여기서 '이겼다'라는 말을 원어로 'לכי 야콜'이라는 말을 썼습니다. 이 말은 '이긴다'라는 뜻의 'Win'이나 'Victory'가 아닙니다. 영어로는 'prevail 능가하다' 'overcome 극복하다'라는 의미입니다. 그래서 오늘 말씀의 제목이 'The Blessing of Victory'가 아니라 'The Blessing of Prevailed 능가하고 극복함으로 이긴 축복'입니다. 하나님으로부터 받는 축복은 한 번의 승리로 얻어지는 것이 아닙니다. 끝까지 인내하고 간절함으로 연단과 시련을 극복하고 능가한 자에게 주시는 축복이라는 것입니다. 하나님으로부터 인정을 받게 될 때까지 포기하지 않고 간절하게 매달리는 자에게 하나님은 복을 주심을 믿으시기 바랍니다.

우리가 능가해야 하고 극복해야 하는 문제가 무엇입니까? 하나님으로부터 복을 받고 응답을 얻어야 하는데 늘 결정적인 순간에서 포기하지는 않았습니까? '하나님, 내가 이만큼 왔는데' '밤새 씨름했는데' '이 문제를 위해서 이만큼 참아왔는데'라며 아직 하나님으로부터 이겼다, 승리했다 라는 사인이 오기 전에 포기해 버리지는 않았습니까? 그 승리점을 우리가 정한다면 안 되는 것입니다. 마라톤 선수가 뛰는데 너무 힘듭니다. 도무지 더 나아갈 수가 없습니다. 그래서 주최측에 연락해서 나는 더 이상 못 가니 결승점을 내 앞으로 가져오라고 말할 수는 없는 것입니다. 끝까지 달려가야 합니다. 언제까지? 완주할 때까지, 그 끝을 볼 때까지 달려가는 자가 얻는 승리가 바로 극복하고 능가함의 승리인 것입니다. 간절함으로 하나님께 기도하시기 바랍니다. 우리를 포기하게 만드는 여러 가지 삶의 상황 속에서도 절대로 하나님이 주시는 축복을 포기하지 말기 바랍니다. 그 은혜와 응답을 포기하지 말기 바랍니다. 결국 그 한계점을 넘어설 때가 있습니다. 그때 하나님은 우리에게 이겼다, 승리했다 인정하시며 응답을 주실 줄 믿습니다.

세 번째, 이기면 복을 받는다.

30절 말씀입니다.

"그러므로 야곱이 그 곳 이름을 브니엘이라 하였으니 그가 이르기를 내가 하나님과 대면하여 보았으나 내 생명이 보전되었다 함이더라" (창 32:30)

지금 야곱이 하나님으로부터 구하는 복은 무엇일까요? 많은 재산을 얻는 것입니까? 많은 자녀를 받는 것입니까? 아닙니다. 그에게 가장 큰 축복은 형 에서로부터 보호함을 얻는 것입니다. 다시 말해 그의 생명이 보전되는 것이 가장 필요한 축복입니다. 천사와 씨름해서 이긴 야곱이 복을 받았습니다. 하지만 눈에 보이는 복은 아무것도 없었습니다. 씨름에서 이겼더니 큰 군대가 그의 눈앞에 나타난 것도 아닙니다. 힘 쎈 장군을 얻은 것도 아닙니다. 그가 받은 복이 무엇입니까? 하나님이 그와 함께 하신다는 것입니다. 그가 비로소 하나님과 대면하였고, 하나님으로부터 안전을 보장받은 것, 그것이 야곱이 받은 가장 큰 축복이었습니다.

지금까지 야곱은 눈에 보이는 복을 얻으려고 했습니다. 장자권을 얻기 위해서 형 에서를 속였고, 축복권을 얻기 위해서 아버지 이삭을 속였고, 아내와 재산을 얻기 위해서 삼촌 라반의 집에서 일했습니다. 이제서야 야곱이 깨달은 것이 있었습니다. 자신이 복이라고 얻으려고 했던 그 모든 축복은 결국 하나님이 지켜주시고, 하나님이 주셔야 받을 수 있는 복이라는 것입니다. 지금 야곱에게 있어서 가장 큰 복은 무엇입니까? 하나님과 대면하여서 하나님을 만난 것이고, 그 하나님으로부터 안전을 보장받은 것이 가장 큰 복입니다. 그래서 30절에 뭐라고 고백합니까?

"…내가 하나님과 대면하여 보았으나 내 생명이 보전되었다 함이더라(I have seen God face to face, my life has been delivered)" (창 32:30)

하나님을 대면해 보았고 하나님께 내 생명이 보호하심을 받은 것이 가장 큰 축복이라는 것입니다. 하나님과 겨루어 승리한 야곱이 누구를 두려워하겠습니까? 누구 앞에 무서워하겠습니까? 하나님이 지켜주시니 그는 더 이상 두려울 것이 없었습니다. 하나님으로부터 보호하심의 축복을 받는 성도가 되시기를 바랍니다. 하나님이 지켜주시지 않는다면 우리가 스스로 지킬 수 있는 것은 아무것도 없습니다. 세상에서 복 받은 사람이 많다 해도 그 복을 스스로 지킬 수 있는 사람은 아무도 없습니다. 결국 하나님이 지켜주시지 않는다면 아무것도 남지 못하는 것입니다. 날마다 하나님의 도우심, 성령님이 함께 하시는 복을 받기를 바랍니다.

그래서 사도 바울은 빌립보서 3장 7-8절에 말합니다.

"그러나 무엇이든지 내게 유익하던 것을 내가 그리스도를 위하여 다 해로 여길뿐더러 또한 모든 것을 해로 여김은 내 주 그리스도 예수를 아는 지식이 가장 고상하기 때문이라 내가 그를 위하여 모든 것을 잃어버리고 배설물로 여김은 그리스도를 얻고"

그가 인생에 자랑하는 모든 것들, 그가 얻기 위해서 열심히 노력하고 살았던 것들이 결국 다 배설물과 같이 하찮게 여겨진 것은 무엇 때문입니까? 바로 예수님을 만난 뒤에 깨닫게 되었다고 고백합니다.

CCM '나의 만족과 유익을 위해' 가사입니다.

나의 만족과 유익을 위해

가지려 했던 세상 일들

이젠 모두 다 해로 여기고

주님을 위해 다 버리네

내 안에 가장 귀한 것 주님을 앎이라

모든 것 되시며 의와 기쁨 되신 주

사랑합니다

 하나님을 만나는 축복을 받으시기를 축원합니다. 우리 인생에 가장 큰 사건은 우리가 하나님을 만나는 것입니다. 예수님을 믿고 구원받은 것입니다. 우리의 영생을 보장받은 것입니다. 주님이 함께하는 사람은 두려울 것이 없습니다. 세상의 축복에 매달리지 않습니다. 왜냐면 주님께서 내 인생을 책임지실 것을 믿기 때문입니다. 야곱은 하나님을 만나기 전에는 인생의 위기 가운데 있었습니다. 모든 것이 끝날 것 같은 절망에 있었지만 하나님을 만나고 씨름하며 끝까지 매달리고 포기하지 않고 간절함으로 축복을 구했을 때 비로소 이기는 축복을 얻게 되었습니다. 이긴 자가 된 것입니다.

 요한복음 16장 33절에 주님 말씀하십니다.

"이것을 너희에게 이르는 것은 너희로 내 안에서 평안을 누리게 하려 함이라 세상에서는 너희가 환난을 당하나 담대하라 내가 세상을 이기었노라"

어떠한 시험을 만나고, 문제를 만난다 할지라도 포기하지 말고 끝까지 매달리며 기도하세요. 주님의 응답을 구하시기 바랍니다. 주님께서 반드시 우리에게 승리를 주실 줄 믿습니다. 주님의 승리를 믿으면 우리는 어떤 문제에도 낙심하지 않게 됩니다. 왜냐하면 그 승리는 한 번으로 끝나는 승리가 아니라 지속되는 승리, 넘어서는 승리이기 때문입니다. 이 믿음으로 이김의 축복을 받는 성도가 되길 바랍니다.

말씀을 맺겠습니다. 천사와 씨름에서 이긴 야곱은 그의 이름이 바뀌었습니다. 바로 '이스라엘'이라는 이름을 얻게 됩니다. 28절 말씀에 '그 이름의 뜻이 하나님과 및 사람들과 겨루어 이겼다'입니다. 천사와의 싸움에서만 이긴 줄 알았는데 그의 승리는 곧 사람들과의 승리를 말하고 있는 것입니다. 이것보다 더 큰 축복이 어디에 있고 더 큰 승리가 어디에 있습니까? 세상에서는 늘 이긴 자인데 하나님 앞에서는 늘 절망과 패배 속에 살아가는 사람들이 있습니다. 세상에서는 그럴 듯하게 살아가지만 영적으로는 나태함과 죄에 눌려 살아갑니다. 반대로 하나님 안에 있을 때에는 담대합니다. 영적으로 충만할 때에는 뭐든지 자신감이 있습니다. 당장이라도 세상의 문제가 두렵지 않습니다. 그런데 세상 속에 살아가면 늘 위축되어 있습니다. 그 안에 믿음의 담대함이 지속되지 못하고 자꾸 넘어지고 의심이 찾아옵니다. 하루에도 열두 번씩 의심하게 됩니다. 그러면 진짜 승리자가 아닙니다. 야곱은 끝까지 매달렸습니다. 밤이 새어가면서 그는 평생에 한번도 경험하지 못한 인내로 도전했습니다. 결국 자신의 환도뼈가 부러지는 상황 속에서도 끝까지 매달리며 간절히 구하니 축복을 얻어 냈습니다. 끝까지 인내하여서 승리를 이루기를 바랍니다. 간절히 주님께 은혜를 구하세요. 승리를 구하세요. 축복을 구하세요. 최후 승리를 얻을 때까지 주님의 십자가 바라보며 전진하시기 바랍니다. 그러면 하나님께서 여러분을 불러주십니다. 인정해주십니다. 대면해 주십니다. 그리고 어떤 문제에서도 두려워하지 않고 담대함으로 승리케 하십니다. 이김의 축복을 얻는 성도 되시기를 바랍니다.

3. 꿈꾸는 축복

_The Blessing of Dreaming

창세기 37:5-11

요셉이 꿈을 꾸고 자기 형들에게 말하매 그들이 그를 더욱 미워하였더라 요셉이 그들에게 이르되 청하건대 내가 꾼 꿈을 들으시오 우리가 밭에서 곡식 단을 묶더니 내 단은 일어서고 당신들의 단은 내 단을 둘러서서 절하더이다 그의 형들이 그에게 이르되 네가 참으로 우리의 왕이 되겠느냐 참으로 우리를 다스리게 되겠느냐 하고 그의 꿈과 그의 말로 말미암아 그를 더욱 미워하더니 요셉이 다시 꿈을 꾸고 그의 형들에게 말하여 이르되 내가 또 꿈을 꾼즉 해와 달과 열한 별이 내게 절하더이다 하니라 그가 그의 꿈을 아버지와 형들에게 말하매 아버지가 그를 꾸짖고 그에게 이르되 네가 꾼 꿈이 무엇이냐 나와 네 어머니와 네 형들이 참으로 가서 땅에 엎드려 네게 절하겠느냐 그의 형들은 시기하되 그의 아버지는 그 말을 간직해 두었더라

1963년 8월 28일 미국 워싱턴에 있는 링컨 기념관에서 마틴 루터 킹 목사는 '나에게는 꿈이 있습니다(I have a dream!)'라는 연설을 하게 됩니다. 인종차별이 극심했던 당시에 마틴 루터 킹 목사는 사람들이 피부색에 따라 판단 받지 않고 인격에 따라 판단 받는 나라를 꿈꾸었습니다. 그의 연설의 마지막 부분에는 이렇게 말합니다. '나에게는 꿈이 있습니다. 언젠가 나의 어린 자녀들이 그들의 피부 색깔에 의해 판단 받지 않고 그들의 인격에 따라 판단 받는 나라에서 살게 될 것이라는 꿈을 꾸고 있습니다.' 그의 연설의 제목은 '주의 영광이 드러나 모든 사람들이 주의 영광을 함께 보게 될 것이라는 꿈' 이었습니다. 그는 1968년 4월 4일 고난주간에 한 백인 우월주의자가 쏜 총에 맞아 숨을 거뒀지만 결국 그가 꾸었던 그 꿈은 이루어졌고 오늘날까지도 그의 연설은 많은 이들에게 꿈을 주고 있습니다.

　유치원이나 초등학교 시절에 꼭 장래희망을 써서 내곤 했습니다. 그러면 아이들이 선생님이 되겠어요, 의사, 대통령이 되겠다고 자신의 꿈을 써서 냈습니다. 아이들이 꾸는 꿈에는 자신의 성별이나 가정환경, 재능과는 상관없이 내가 꾸고자 하는 그 꿈을 꾸었습니다. 그런데 나이가 점점 들어가면서 청소년기를 지나 청년이 되면 그 꿈이 제한적으로 변하거나 사라지게 됩니다. 그래서 청소년 자녀를 둔 부모들이 가장 많이 하는 걱정이 무엇입니까? '우리 아이는 꿈이 없어요' 라는 말입니다. 그런데 청소년들만 꿈이 없는 것이 문제일까요? 오늘을 살아가는 많은 현대인들 속에도 꿈이 없이 살아가는 사람들이 많이 있습니다. 삶의 목적이 없습니다. 방향이 없습니다. 바램도 없습니다. 이러한 인생을 가리켜 꿈이 없는 인생이라고 말하는 것입니다. 헬렌 켈러는 '맹인으로 태어난 것보다 더 불행한 것이 무엇이냐?' 라는 물음에 '시력은 있되, 비젼이 없는 것이다'라고 대답했다고 합니다. 인생을 살아가면서 가장 불행한 것은 불행한 상황을 만나는 것이 아닙니다. 꿈과 비젼이 없이 살아가는 것입니다. 풍요로운 삶을 살아가고 모든 것을 다 가진 인생이라 할지라도 그 삶에 꿈과 비젼이 없는 사람은 불행한 사람입니다. 그러나 현재 고난과 역경 속에 있다 하더라도 그 안에 꿈이 있는 사람은 행복한 사람이고, 오늘도 살아갈 목적을 알고 사는 사람입니다.

성경은 꿈을 강조합니다. 소망을 품고 살아갈 것을 강조하고 있습니다.

히브리서 11장 1-2절은 말씀합니다.

"믿음은 바라는 것들의 실상이요 보이지 않는 것들의 증거니 선진들이 이로써 증거를 얻었느니라"

바라는 것들이 무엇입니까? 꿈입니다. 소망입니다. 비젼입니다. 믿음 있는 사람이라는 말은 다시 말해 꿈을 가진 사람입니다. 그래서 성경 속에 나오는 사람들은 모두가 무엇을 좇아 살아갔던 사람들입니까? 바로 꿈을 좇아 살아갔던 사람들이라는 것입니다. 하나님이 주신 꿈을 좇아 살아간 사람들이 그 꿈을 이루었던 것입니다.

빌립보서 2장 13절에 말씀합니다.

"너희 안에서 행하시는 이는 하나님이시니 자기의 기쁘신 뜻을 위하여 너희에게 소원을 두고 행하게 하시나니"

하나님께서 우리 안에 무엇을 주셨다고 말씀합니까? 소원을 두셨다고 말씀하고 있습니다. 그리고 그 소원을 가지고 꿈을 가지고 우리를 행하게, 움직이게, 살아가게 하신다는 것입니다.

본문의 주인공인 요셉에게는 별명이 있었습니다. 그의 별명은 '꿈꾸는 자'였습니다. 19절에 보면 그의 형제들이 요셉을 이렇게 부릅니다.

"서로 이르되 꿈꾸는 자가 오는도다 (Here comes that dreamer)" (창 37:19)

요셉의 형제들은 그를 비웃으며 꿈꾸는 자라고 놀렸지만 하나님은 그 꿈꾸는 요셉을 통해 일하시고 놀라운 축복을 꿈대로 이루어주셨음을 믿으시기 바랍니다. 그렇다면 요셉은 어떻게 꿈을 통해 축복을 받게 되었을까요?

첫 번째, 자신의 꿈을 꾸라.

5절 말씀입니다.

"요셉이 꿈을 꾸고 자기 형들에게 말하매 그들이 그를 더욱 미워하였더라" (창 37:5)

요셉은 자신의 인생을 바꾸는 두 가지 꿈을 꾸게 됩니다. 첫 번째 꿈은 7절에 나옵니다. 꿈속에서 형들과 함께 곡식단을 묶고 있었는데, 형들의 곡식단이 요셉의 곡식 단을 둘러서서 절하는 꿈을 꾸게 됩니다. 두 번째 꿈은 9절에 나오는데 하늘의 해와 달과 열한 별이 요셉에게 절하는 꿈을 꾸게 됩니다. 요셉이 꾼 꿈의 중심은 누구입니까? 요셉 자신이었습니다. 형제들이 자신의 곡식단을 향하여 절을 하는 꿈을 꾸었고 하늘의 해와 달과 열한 별이 자신에게 절을 하는 꿈을 꾸었습니다. 요셉이 이러한 꿈을 꾸고 싶어서 꾸었을까요? 자신보다 앞선 9명의 형들이 있었는데 그들 위에 군림하고자 하는 야욕에서 나온 꿈입니까? 아닙니다. 하나님께서 요셉에게 주신 꿈입니다. 앞으로 그를 어떻게 사용하실지 하나님의 계획을 꿈을 통해 보여주신 것입니다. 장면은 다르지만 그 내용이 동일한 두 가지 꿈을 꾸게 하신 것입니다. 이후에 요셉이 애굽의 총리가 되었을 때에 살 길을 찾아 애굽까지 온 그의 형제들이 이 꿈처럼 요셉 앞에 절하는 그 장면이 현실이 되어 나타나게 됩니다.

창세기 42장 6절 말씀입니다.

"때에 요셉이 나라의 총리로서 그 땅 모든 백성에게 곡식을 팔더니 요셉의 형들이 와서 그 앞에서 땅에 엎드려 절하매"

요셉이 자신이 애굽의 총리가 될 것을 미리 알고 지금 이 꿈을 꾼 것이 아니라 하나님이 요셉의 앞으로 인생에서 주인공이 되는 꿈을 꾸게 하신 것입니다. 꿈을 꾼다는 것은 그 대상이 누가 되어야 합니까? 내가 되어야 합니다. 사람은 자신의 꿈을 가져야 합니다. 그런데 꿈은 있지만 주인공이 자신이 되지 못하고 살아가는 사람들이 많이 있습니다. 바람과 소망은 다 있는데 그 꿈이 나에게는 이루어지지 않을 것 같고 나에게는 먼 이야기같이 여기며 살아가는 사람들이 있다는 것입니다. 마치 우리가 세계여행을 하는 여행자의 모습을 TV 화면 속에서 보면서 저런 곳에 가서 저런 풍경 한번 보고 싶다고는 하지만 지금 내 삶에서는 결코 이루어질 수 없는 일이라고 TV를 꺼버리는 것 같이 하나님께서 우리에게 소망을 주시고 비젼과 꿈을 주셔도 그것이 나에게는 이루어지지 못할 일이라고 포기하고 살아가는 사람들이 있습니다.

요셉의 형제들은 요셉의 꿈을 듣고서 어떻게 합니까? 본문 5절에 보면 '그를 더욱 미워했다'고 말합니다. 꿈은 말 그대로 꿈인데 요셉의 꿈을 듣고 미워한 형들의 심리가 무엇입니까? 요셉이 자신들보다 높아지는 것이 싫은 것 아닐까요? 우리 속담에 '사촌이 땅을 사면 배가 아프다'라는 말이 있습니다. 나도 땅을 사고 싶은데 사촌이 먼저 사서 배가 아프다는 말 아닙니까? 만약에 요셉에게 절하는 것이 아무렇지도 않은 형제들이라면 미워할 이유가 없습니다. '그래 당연하지. 요셉에게 우리가 절 하는 것이 당연한 것이지' 라고 생각하고 말았을 것입니다. 그런데 형제들이 요셉을 미워했다라는 것은 요셉의 형제들도 나름대로 자신들이 높아지기를 원하는 꿈이 있었다라는 것입니다. 그런데 그들은 자신들의 꿈은 꾸지 못하고, 요셉의 꿈을 시기하고 마치 그 꿈이 진짜 이루어진 것마냥 요셉을 미워했습니다.

오늘날 우리의 모습 아닙니까? 하나님께서 내 삶에 복을 주시고, 우리의 삶을 형통하게 하시고 만족케 하시는 분이시라는 것을 믿고 바라면서도 여전히 다른 사람들과 나를 비교하고 환경을 비교하면서 나에게 주신 그 꿈과 비젼을 꿈꾸지 못하고 불평만 하고 살아가는 우리의 모습이 있지 않느냐라는 것입니다. 아직 꿈이 다 이루어진 것도 아니고 하나님의 응답이 다 이루어진 것도 아닌데 나는 안 된다고 포기해 버리고 낙심하며 옆에서 꿈을 좇아 살아가는 자들을 보고 시기하고 있다면 남과 나 자신을 비교하기는 잘하지만 내 꿈은 꾸지 못하는 형제들의 모습이 우리의 모습이 되면 안 됩니다.

하나님이 우리 각자에게 주신 꿈과 비젼이 있습니다. 하나님이 주신 나의 꿈을 꾸어야 합니다. 아브라함에게는 아브라함의 꿈이 있었고 이삭에게는 이삭의 꿈이 있었고 야곱에게는 야곱의 꿈이 있었고 요셉에게는 요셉의 꿈이 있었습니다. 그렇다면 나에게도 나의 꿈이 있어야 하는 것입니다. 그 꿈을 꾸어야 합니다.

고린도전서 2장 9절에 말씀합니다.

"기록된 바 하나님이 자기를 사랑하는 자들을 위하여 예비하신 모든 것은 눈으로 보지 못하고 귀로 듣지 못하고 사람의 마음으로 생각하지도 못하였다 함과 같으니라"

두 번째, 꿈을 선포하라.

6절 말씀입니다.

"요셉이 그들에게 이르되 청하건대 내가 꾼 꿈을 들으시오" (창 37:6)

2002년 우리나라 월드컵 응원 문구가 있습니다. '꿈은 이루어진다!'입니다. 그리고 4강까지 국가대표팀을 승리로 이끈 히딩크 감독이 했던 명언들이 있습니다. 그중에 '우리는 세계를 놀라게 할 것이다'라는 말을 했습니다. 이 말은 월드컵이 열리기 약 3달 전 기자회견을 할 때에 했던 말입니다. 그전까지 우리나라의 성적이 좋지 않았습니다. 프랑스와의 경기에서 5대 0으로 대패했고 체코와의 경기에서도 5대 0으로 졌습니다. 그래서 히딩크 감독에게 '오대영'이라는 별명도 붙었습니다. 당시에 히딩크 감독을 경질해야 한다는 말도 나왔습니다. 그때 히딩크 감독이 했던 말이 바로 '우리는 세계를 놀라게 할 것이다'라는 말이었습니다. 사람들을 비웃으며 '세계는 됐고 우리나 놀라게 해달라'였는데 진짜로 한국 축구 역사상 최고의 성과를 나타내고 말 그대로 세계를 놀라게 했던 성과를 나타내었습니다.

요셉은 자신의 꿈을 형들에게 말합니다. 가만히 있으면 중간이라도 갈텐데 계속해서 자신의 꿈을 형들에게 말함으로 결국 요셉은 형들의 미움을 받게 됩니다. 눈치가 있는 사람이라면 형들 분위기가 안 좋으면 가만히 있을텐데 6절에 보면 오히려 형들에게 '내가 꾼 꿈을 들으라'고 말합니다. 마치 이 꿈을 말하지 않으면 못 배길 정도로 그는 꿈에 대해서 형들에게 말하였습니다. 9절에 보면 요셉은 두 번째 꿈을 꾼 다음에 이번에는 형들과 아버지 야곱에게도 그 꿈을 말하게 됩니다. 어떻게 보면 요셉의 이런 모습이 철이 없다고 생각할 수 있습니다. 자기중심적인 사람, 이기적인 사람으로 볼 수 있습니다. 남들의 기분과 감정을 개의치 않고 자신의 꿈만을 말하고 있는 요셉이 어리석어 보입니다. 그런데 요셉이 자신의 욕심에 형들을 우습게 보기 위한 마음으로 꿈 얘기를 했다면 이 꿈은 그냥 형들에게 미움받는 꿈, 자기 자랑의 꿈으로 끝났을 것입니다. 그런데 하나님은 요셉의 꿈을 들어주셨습니다. 꿈대로 이루어 주셨습니다. 왜 그랬습니까? 요셉이 꾼 꿈은 요셉의 꿈이 아니었던 것입니다. 요셉의 마음에만 품은 요셉의 욕심에서 나온 꿈이 아니라 하나님이 주신 꿈이었기 때문입니다. 그러니 요셉은 하나님이 나에게 주신 꿈을 말하지 않을 수가 없었던 것입니다.

7절에 요셉이 꿈 얘기를 시작할 때에 우리말 성경에서는 생략되었지만 원어로는 'הִנֵּה 베히네'라는 단어로 시작합니다. 영어로 'Behold'라고 하고 그 의미가 '상상하다(Imagination)'라는 말입니다. '상상해 보십시오'라는 말로 요셉의 꿈 이야기는 시작된 것입니다. 이 말은 형들에게 공감을 요구하고 있는 것입니다. 이 꿈은 나를 위해서 나만을 위해서 꾸는 꿈이 아니라 형들과 함께 이루는 꿈이라는 것입니다. 하나님이 분명히 이루어주실 꿈이라는 것을 믿었던 요셉은 말하지 않을 수가 없었고 분명한 믿음으로 형들에게 꿈을 선포하였던 것입니다.

창세기 45장 5절에 요셉이 말합니다.

"당신들이 나를 이곳에 팔았다고 해서 근심하지 마소서 한탄하지 마소서 하나님이 생명을 구원하시려고 나를 당신들보다 먼저 보내셨나이다"

다시 말해 요셉이 꾼 꿈은 요셉 혼자 잘 먹고 잘사는 꿈이 아니라 요셉을 통해 요셉의 모든 형제들과 가족들이 구원을 받게 된다는 하나님의 언약을 보여주시고 있는 것입니다. 꿈보다 해몽이라는 말이 있습니다. 똑같은 꿈이라 할지라도 어떻게 해석하느냐에 따라서 달라집니다. 형들에게는 이 꿈이 요셉이 자신들 위에 올라가는 꿈으로 해석되어서 기분이 나빴지만 반대로 해석하면 요셉 덕분에 형들이 살 길도 열릴 수 있다라는 것으로 해석될 수 있는 것 아닙니까? 언젠가 우리가 요셉에게 덕을 볼 날도 있겠구나 라고 받아들일 수도 있는 것입니다. 하나님이 나에게 주신 꿈과 비젼을 우리는 믿음으로 선포해야 합니다. 내 마음대로 그 꿈을 해석하고, 위축시키시고, 이것은 절대로 될 수 없다고 생략해 버리면 안 됩니다. 꿈은 선포하는 것입니다. 하나님께 비젼과 꿈을 고백하고 그대로 이루어달라고 기도하시기 바랍니다.

우리 교회 학생부 자녀가 목양실에 찾아왔습니다. 중3이라 어느 고등학교에 가고 싶냐고 물으니 영재고에 가고 싶다고 말합니다. 그런데 잘 모르겠다고 해서 제가 말했습니다. '영재고 가겠습니다!라고 고백해야 한다고' 제가 다시 물으니 '목사님, 영재고 가겠습니다!'라고 선포했습니다. 하나님께서 분명히 가게 하실 줄 믿습니다. 회사의 면접을 보는데 면접관이 물어봅니다. '이 회사를 위해서 열심히 일하겠습니까?' 그런데 지망자가 '글쎄요. 열심히 일할 수 있을까요? 제가 일을 제대로 할까요?'라고 대답한다면 면접관이 그 사람을 채용하겠습니까? 저는 안 씁니다. 확신 가진 후 다시 찾아오라고 하고서 다시 찾아와도 안 받아줄 겁니다.

하나님이 주신 꿈을 선포하세요! 마음에 품은 뜻을 담대히 고백하시기 바랍니다. 분명히 사탄은 그 꿈을 시기할 것입니다. 왜냐면 사탄이 가장 싫어하는 것이 하나님의 자녀들이 잘 되는 것입니다. 요셉의 형들은 요셉을 시기했습니다. 꿈 얘기를 할 때마다 그를 미워했습니다. 그러나 요셉은 숨길 수 없었습니다. 왜냐하면 이것은 하나님이 주신 꿈이라는 것을 확신했기 때문입니다. 나 혼자 잘 먹고 잘 살기 위해 꿈꾼 것이 아니라 나로 말미암아 모든 형제들이, 나의 가족이, 더 나아가 이스라엘 민족이 살아나는 꿈이라는 것을 그는 믿었기 때문입니다.

그래서 본문 11절에 보면 이렇게 말합니다.

"그의 형들은 시기하되 그의 아버지는 그 말을 간직해 두었더라" (창 37:11)

저는 우리 하나님 아버지의 마음이 바로 이 마음임을 믿습니다. 하나님은 우리의 소망을 마음에 간직해 두시는 분이심을 믿으시기 바랍니다. 왜냐하면 우리는 하나님의 자녀들이기 때문입니다.

야고보서 1장 5-7절에 말씀합니다.

"너희 중에 누구든지 지혜가 부족하거든 모든 사람에게 후히 주시고 꾸짖지 아니하시는 하나님께 구하라 그리하면 주시리라 오직 믿음으로 구하고 조금도 의심하지 말라 의심하는 자는 마치 바람에 밀려 요동하는 바다 물결 같으니 이런 사람은 무엇이든지 주께 얻기를 생각하지 말라"

믿음으로 구하고 의심하지 말고 선포할 때 풍성하신 하나님이 우리의 소원을 만족케 하실 줄 믿습니다. 꿈을 담대히 선포하여 꿈꾸는 축복을 받는 성도가 되시기를 축원합니다.

세 번째, 꿈을 포기하지 말라.

앤서니 라빈스의 '네 안에 잠든 거인을 깨워라'는 책이 있습니다. 이 책에서 사람들이 꿈을 잃어버리게 되는 이유를 크게 두 가지로 요약했습니다. 하나는 좌절 때문에 꿈을 포기한다라는 것입니다. 꿈을 향해 나아가다가 보면 반드시 장애물을 만나게 됩니다. 이 장애물을 넘기 위해 나름대로 노력을 해 보다가 잘 안 될 경우 좌절을 겪게 되고, 이 좌절이 하나씩 쌓이면서 꿈과 점점 멀어지게 되고, 끝내는 꿈을 잃어버리게 되었다는 것입니다. 다른 하나는 눈앞의 성공 때문에 꿈을 포기한다 라는 것입니다. 꿈을 향해 나아가다가 꿈과 관계없는 손쉬운 성공을 맛보게 됩니다. 그 성공의 달콤함에 젖어서 원래 가지고 있던 꿈을 잃어버리게 된다는 것입니다. 그래서 이 책에서는 이렇게 말합니다. '하나님께서 일을 지연시킨다고 해서 그 일을 거절했다는 뜻은 아니라는 점을 기억해두자. 오늘 나가서 한 알의 씨앗을 심는다고 해서 내일 당장 나무를 볼 수 있는 것은 아니다.' 오늘 씨앗 하나 심었다고 내일 나무를 보는 사람이 어디에 있습니까? 열매를 얻기까지 인내하고 기다려야 하는 것입니다.

요셉이 꿈을 꿨습니다. 그러나 그 꿈이 이루어지기까지 참혹한 대가를 치루게 됩니다. 시기와 질투에 사로잡힌 그의 형제들에 의해 애굽에 노예로 팔려 가게 되었고, 보디발 장군 아내의 유혹을 거절하자 감옥에 갇히게 되었습니다. 그는 노예면서 죄수라는 최악의 상황에 직면하게 된 것입니다. 그리고 감옥에서 2년이란 긴 세월 동안 누구도 기억해 주지 않는 완전히 잊혀진 존재가 되어 버리고 말았습니다. 그가 꾼 꿈과는 정반대로 그의 인생이 가는 것 같아 보이지 않습니까? 우리 안에 창대한 꿈이 있습니다. 비젼과 소망이 있습니다. 그런데 꿈을 이루기 위해서는 반드시 대가가 있다라는 것을 우리는 기억해야 합니다. 문제는 그 꿈을 이루기 위해 대가를 지불하고 인내하는 사람은 많지 않습니다.

특히 하나님이 주시는 꿈은 세상의 꿈과 다릅니다. 우리는 현실의 문제에서부터 믿음을 지켜야 합니다. 하나님의 꿈을 이루기 위해서는 세상과 타협해서는 안 됩니다. 신앙으로, 하나님을 믿는 믿음으로 이루어야 합니다. 세상은 꿈을 이루기 위해 빠른 길을 갈 수 있다고 합니다. 그러나 하나님이 주신 꿈은 세상의 방법으로 이루는 것이 아닙니다. 믿음을 지키고 인내와 연단을 통해 얻어지는 꿈입니다. 하나님이 이루시는 꿈은 영원하고 반드시 응답되는 꿈임을 믿으시기 바랍니다.

찬송가 490장 '주여 지난밤 내 꿈에' 가사입니다.

주여 지난밤 내 꿈에 뵈었으니

그 꿈이 이루어 주옵소서

밤과 아침에 계시로 보여주사

항상 은혜를 주옵소서

마음 괴롭고 아파서 낙심될 때

내게 소망을 주셨으며

내가 영광의 주님을 바라보니

앞길 환하게 보이도다

세상 풍조는 나날이 변하여도

나는 내 믿음 지키리니

인생 살다가 죽음이 꿈 같으나

오직 내 꿈을 참되리라

(후렴)

나의 놀라운 꿈 정녕 나 믿기는

장차 큰 은혜 받을 표니

나의 놀라운 꿈 정녕 이루어져

주님 얼굴을 뵈오리라

요셉은 하나님이 자신의 꿈을 이루실 것을 믿었습니다. 그러니 꿈을 이루어가는 그의 삶에 누가 함께 하셨습니까? 하나님이 그와 함께 하셨습니다. 창세기 39장 2절에 '여호와께서 요셉과 함께 하시므로…' 21절에도 '여호와께서 요셉과 함께하시고…' 23절에도 '…여호와께서 요셉과 함께 하심이라 여호와께서 그를 범사에 형통하게 하셨더라' 꿈을 가진 요셉에게는 누가 함께 하셨습니까? 하나님께서 그와 함께 하셨다라는 것입니다. 요셉에게는 단번에 꿈을 이룰 수 있는 위기도 있었습니다. 보디발의 아내가 그를 유혹할 때에 그는 어떻게 말합니까? 하나님 앞에 죄를 지을 수 없다고 세상의 방법을 의지하지 않고 하나님 앞에 정결함을 지켰습니다. 감옥 안에서 술관원의 꿈을 해몽해 주었음에도 그는 잊혀졌지만 하나님께서 요셉을 부르실 때를 기다렸습니다.

하나님이 주신 꿈은 하나님의 방법으로 하나님이 이루어주심을 믿으시기 바랍니다. 그때까지 인내해야 합니다. 세상의 방법을 동원하면 안 됩니다. 하나님의 때를 기다리지 못하고 나의 뜻대로 일을 그르쳐도 안 됩니다.

그래서 갈라디아서 6장 9절에는 말씀합니다.

"우리가 선을 행하되 낙심하지 말지니 포기하지 아니하면 때가 이르매 거두리라"

이 믿음을 가지고 꿈꾸는 축복을 이루는 성도가 되시기를 바랍니다.

　말씀을 맺겠습니다. 요셉의 인생은 꿈으로 시작하여 꿈을 의지하며 살았고 꿈을 이루는 축복을 받았습니다. 그래서 그의 별명은 '꿈꾸는 자'였습니다. 요셉은 하나님이 주신 꿈을 이루기까지 13년의 시간이 걸렸습니다. 그러나 그 시간 동안 요셉은 한 번도 그 꿈을 버린 적이 없었습니다. 그가 애굽의 총리가 될 수 있었던 결정적인 사건도 바로의 꿈을 해몽함으로 이루어지게 되었습니다. 형들에게는 꿈꾸는 어리석은 요셉이었지만 하나님은 그에게 꿈을 주셨고, 그 꿈을 이루어 주셨고, 꿈꾸는 것 같은 인생을 살게 하셨습니다. 그리고 요셉의 삶을 통해 우리에게도 하나님이 주시는 꿈은 반드시 이루어 주신다는 꿈을 꾸게 하십니다. 하나님이 나에게 주신 그 꿈을 꾸시기 바랍니다. 현실만 바라보며 깨어있는 사람은 꿈을 꿀 수 없습니다. 믿음의 사람은 보이지 않는 것을 보는 사람입니다. 아직 이루어지지 않은 것이 이루어짐을 믿는 사람입니다.

　나에게 주신 꿈이 무엇입니까? 하나님이 주신 꿈을 내가 부인하고 있지는 않습니까? 포기하고 살아가지는 않습니까? 요셉의 형제들과 같이 남의 꿈은 부러워하면서 자신의 꿈은 꾸지 못하는 인생을 살아가고 있지는 않습니까? 창대한 꿈을 갖고 살아가시기 바랍니다. 그리고 꿈을 선포하세요. 날마다 기도하며 선포하세요. 하나님이 반드시 이루어 주실 줄 믿습니다. 포기하지 말고 인내해야 합니다. 견뎌야 합니다. 하나님을 전적으로 신뢰해야 합니다. 연단의 시간도 필요합니다. 그러나 하나님의 꿈을 가진 성도, 하나님이 반드시 함께 하심을 믿으시기 바랍니다.

4. 가문의 축복

_The Blessing of Household

사무엘하 7:25-29

여호와 하나님이여 이제 주의 종과 종의 집에 대하여 말씀하신 것을 영원히 세우시며 말씀하신 대로 행하사 사람이 영원히 주의 이름을 크게 높여 이르기를 만군의 여호와는 이스라엘의 하나님이라 하게 하옵시며 주의 종 다윗의 집이 주 앞에 견고하게 하옵소서 만군의 여호와 이스라엘의 하나님이여 주의 종의 귀를 여시고 이르시기를 내가 너를 위하여 집을 세우리라 하셨으므로 주의 종이 이 기도로 주께 간구할 마음이 생겼나이다 주 여호와여 오직 주는 하나님이시며 주의 말씀들이 참되시니이다 주께서 이 좋은 것을 주의 종에게 말씀하셨사오니 이제 청하건대 종의 집에 복을 주사 주 앞에 영원히 있게 하옵소서 주 여호와께서 말씀하셨사오니 주의 종의 집이 영원히 복을 받게 하옵소서 하니라 러시아의 문호 톨스토이가 쓴 '안나 카레니나'라는 소설의 첫 문장은 이렇게 시작합니다. '모든 행복한 가정은 서로 닮았고, 불행한 가정은 제각각 나름으로 불행하다.' 이 말의 의미는 행복한 가정은 모두가 한 방향을 바라보는 가정인 반면 불행한 가정은 제각기 다른 방향으로 바라본다는 것입니다. 이 소설에 나오는 안나 카레니나의 가정은 결국 깨어지고 불행한 가정으로 이야기가 끝나게 됩니다. 톨스토이는 이 소설을 통해 가정이 행복하고 불행하다 라는 것은 환경적인 요인을 따라가는 것이 아니라고 말합니다. 다시 말에 가정이 부유하고 풍족한 가정이라고 행복한 것이 아니라 가정이 함께 서로 하나된 가정, 한 방향으로 살아가는 가정이냐 아니면 각각 흩어져 살아가는 가정이냐에 따라서 결정된다고 말하고 있습니다. 그래서 우리말에도 보면 콩 하나를 봐도 행복한 가정인지 불행한 가정인지를 알 수가 있다고 말합니다. 불행한 가정은 콩가루 집안이라고 말했습니다. 말 그대로 하나 되지 못하고 흩어진 가정이지요. 그런데 행복한 가정은 콩 한 쪽도 나누어 먹는 가정이라고 말했습니다. 작은 것 하나라도 함께 나누고 함께 공유하는 것이 행복한 가정이라는 것입니다.

　가정 안에 여러 가지 어려운 문제를 만날 때가 있습니다. 기쁘고 행복한 순간도 있지만 때로는 실망과 절망의 순간이 찾아올 때도 있습니다. 어떤 가정은 헤어짐의 고통을 경험하고, 가족 간에 깊은 상처의 흔적들이 생길 때도 있습니다. 행복한 가정이 되기 위해서 어떻게 해야 할까요? 서로 닮아야 합니다. 한 방향을 바라봐야 합니다. 무엇보다도 가정을 만드시고, 가정을 이끌어가시는 하나님으로 하나 되는 가정이 될 때 그 가정은 반드시 행복한 가정, 회복되는 가정, 축복의 가문이 될 줄 믿습니다.

다윗의 고백을 통하여 어떻게 가문의 축복이 이루어졌는지 살펴보고, 모든 가정이 행복한 가정을 넘어서서 가문의 축복을 이루기를 축원합니다.

첫 번째, 하나님을 최우선으로 섬기는 가정입니다.

27절 말씀입니다.

"만군의 여호와 이스라엘의 하나님이여 주의 종의 귀를 여시고 이르시기를 내가 너를 위하여 집을 세우리라 하셨으므로 주의 종이 이 기도로 주께 간구할 마음이 생겼나이다" (삼하 7:27)

다윗은 지금 이스라엘의 왕입니다. 왕이 부러워할 사람이 누가 있고, 왕이 바라는 소원이 무엇이 있겠습니까? 말 그대로 왕은 모든 것을 다 누릴 수 있는 사람입니다. 제가 어릴 때가 가장 부러워했던 친구가 바로 슈퍼마켓 아들이었습니다. 말 그대로 그 친구는 반에서 왕입니다. 왜냐하면 자기 마음대로 자기 가게에서 먹고 싶은 것 다 먹을 수 있었기 때문입니다. 그 녀석이 제일 얄미울 때가 언제였냐면 자기는 과자를 안 먹는다고 질려서 안 먹는데요. 그 말이 제일 얄미웠습니다. 누구는 없어서 못 먹는데 질려서 안 먹는다니 나도 질릴 정도로 과자 한번 먹고 싶다는 것이 저의 소원이었습니다. 그래서 저희 부모님께 우리도 슈퍼마켓 하자고 얼마나 졸랐는지 모릅니다.

왕이 부러울 게 무엇이 있습니까? 왕이 구할 것이 무엇이 있겠습니까? 그런데 다윗은 달랐습니다. 그는 하나님께 늘 간절히 구하는 사람이었습니다. 무엇을 구했습니까?

29절 말씀에 보면

"…주의 종의 집이 영원히 복을 받게 하옵소서" (삼하 7:29)

다윗의 소망은 자신의 집이 하나님으로부터 복을 받는 것입니다. 그런데 그것이 잠깐의 복으로 끝나는 것이 아니라 하나님 앞에 영원히 복을 받는 집이 되게 해달라고 그는 간구했습니다. 다윗은 알았습니다. 현재 자신이 왕으로 있는 것과 누리는 이 모든 삶이 결코 영원한 것이 아니라는 것을 알았던 것입니다. 누구를 통해 알았습니까? 앞선 왕이었던 사울 왕을 통해 다윗은 알았습니다. 사울은 장래가 촉망받던 왕이었습니다. 외모로 볼 때에도 이스라엘 중에서 그 누가 봐도 왕 같은 사람이 사울이었습니다. 그러나 사울의 그 영광은 영원하지 않았습니다. 하나님은 그를 버리셨고 뒤이어 다윗이 왕이 된 것입니다. 다윗은 하나님이 세우시지 않는다면, 하나님이 복을 주시지 않는다면, 언제든지 지금 자신이 누리는 이 모든 것들은 한순간에 사라져 버릴 수 있음을 알았습니다. 그래서 지금 누리는 이 축복에 만족하고 사는 것이 아니라 하나님이 자신의 가정에 영원한 복, 하나님의 베풀어주시는 대대로 이어지는 축복을 달라고 그는 구했던 것입니다.

우리가 구해야 하는 축복이 바로 이러한 복입니다. 오늘 나의 삶에 하나님이 베푸시는 축복도 필요하고 당장에 삶의 문제도 해결해 주셔야 하고 삶의 궁핍한 문제들에 하나님의 도우심이 필요합니다. 그러나 우리가 진정으로 구해야 하는 것은 하나님의 그 은혜가 오늘의 삶에서 지금 당장의 문제에만 이루어지는 것이 아니라 영원히 우리의 삶과 가정 가운데 베풀어주시는 하나님의 축복과 은혜입니다. 왜냐하면 하나님의 은혜가 없다면 우리는 당장 내일을 보장할 수 없는 삶을 살아가는 사람들이기 때문입니다.

세상에서 보면 아무리 부유하고 높은 자리에 있어도 한순간에 나락으로 떨어져 버리는 가정들을 볼 때가 있습니다. 과거에 우리 집에 어떤 집이었느냐 얘기하자면 밤새 얘기를 해도 끝이 없는 분들이 있을 것입니다. 옛날 우리 집에 땅이 몇 마지기가 있었고, 종들이 몇 명이나 있었고, 벼농사 한번 하면 쌀을 몇 섬이나 거두던 큰 집이었는데 우리 아버지가 놀음에 그만 손을 대는 바람에, 괜히 면장 시켜준다고 해서 나랏일에 빠지지만 않았더라면 괜찮게 살았을 것이라고 말씀하시는 분들 있습니다. 과거의 영광이 지속되지 못한다는 것이지요. 과거는 과거에서 끝나버리는 것입니다.

다윗은 오늘의 이 영광이 영원하지 못하다 라는 것을 알았기 때문에 하나님께 무엇을 구한 것입니까? '하나님, 종의 집이 영원히 복을 받게 하여 주시옵소서!' 우리가 자녀들에게 베풀어줄 수 있는 가장 큰 복은 많은 유산을 물려주는 것이 아닙니다. 인생의 성공을 가르쳐주는 게 아닙니다. 하나님의 축복이 계속해서 나의 자녀들에게 우리 가정에 영원히 이어지는 가정이 되게 해달라고 기도하는 것이 자녀들에게 물려 줄 축복이며 기도임을 믿으시기 바랍니다. 믿음의 1세대에서 끝나는 것이 아니라 나의 자녀의 세대에도 그 이후에도 계속해서 하나님을 경외하고 하나님만을 섬기는 가정이 되는 것, 그것이 진정한 가문의 축복이 되는 것입니다. 이러한 기도를 하는 성도가 되시기를 바랍니다.

그러면서 다윗이 가장 중요하게 생각한 것은 바로 하나님을 가장 최우선으로 여기는 것이었습니다. 그는 날마다 하나님의 집, 성전을 생각하며 살았습니다.

사무엘하 7장 1-2절의 말씀을 보면

"여호와께서 주위의 모든 원수를 무찌르사 왕으로 궁에 평안히 살게 하신 때에 왕이 선지자 나단에게 이르되 볼지어다 나는 백향목 궁에 살거늘 하나님의 궤는 휘장 가운데에 있도다"

지금 다윗이 왕으로 있을 때 가장 평안한 시기입니다. 말 그대로 다윗 왕조의 황금기입니다. 이 때에 다윗의 마음을 편치 않게 했던 것이 있습니다. 다윗 자신은 백향목으로 만든 아름다운 궁궐에서 살고 있는데 하나님의 궤 즉 법궤는 회막 즉 텐트 속에 있다는 것이 다윗의 마음을 불편하게 했던 것입니다. 자신은 이렇게 좋은 궁궐에서 잘 지내고 있는데 하나님을 모신 법궤, 하나님을 예배하는 성전은 천막 속에서 있다는 것이 마치 하나님은 저 허름한 천막 속에 두고 자신은 궁궐에서 살고 있는 것 같은 죄로 느껴지고 그것이 그의 마음을 슬프게 했던 것입니다. 다윗의 마음에는 항상 누가 우선순위에 있습니까? 하나님이 그 마음이 최우선순위에 있었습니다. 사람은 마음에 무엇이 있든지 먼저 그것만 생각하게 되어 있습니다. 미국에서 사시는 한국 분들을 보면 신분의 문제 때문에 혹은 사업 때문에 명절인데도 고향으로 돌아가지 못하시는 분들이 있습니다. 그러면 하나같이 말씀하시는 것이 고향에 계신 부모님들 생각이 난다고 말합니다. 좋은 것 먹어도 부모님 생각이 나고, 좋은 집에서 살아도 늘 부모님께 죄송한 마음이 든다고 말해요. 반대로 한국에 있는 부모님들은 뭐라고 말합니까? 멀리 떨어져 있는 저 미국 땅에서 고생하고 있는 자식들 생각하면 명절인데도 떡국 한 그릇 제대로 먹지 못하는 게 불편하고 마음 아프다고 말합니다. 사람은 그 마음에 품은 것을 가장 먼저 생각한다라는 것입니다. 다윗의 마음에는 누가 있었습니까? 하나님이 있었습니다. 하나님의 성전이 그 마음에 있었습니다.

시편 84편 10절에 다윗은 고백합니다.

"주의 궁정에서의 한 날이 다른 곳에서의 천 날보다 나은즉 악인의 장막에 사는 것보다 내 하나님의 성전 문지기로 있는 것이 좋사오니"

다윗은 하나님의 성전에서 있는 그 하루가 다른 곳에서 보내는 천일보다 더 좋다고 고백합니다. 하나님의 성전에서 문지기로 있는 것이 자신이 왕으로 살아가는 것보다 좋다고 고백하는 사람입니다. 이렇게 다윗의 마음에는 하나님이 있었습니다. 하나님은 이러한 마음을 가진 다윗에게 무엇을 허락하십니까? 하나님의 성전을 짓는 마음을 주시고 다윗의 가문에서 가장 아름다운 하나님의 성전을 건축하는 축복을 허락하셨습니다.

13절에 말씀합니다.

"그는 내 이름을 위하여 집을 건축할 것이요 나는 그의 나라 왕위를 영원히 견고하게 하리라" (삼하 7:13)

아무나 하나님의 성전을 건축하는 것이 아닙니다. 누가 하나님의 전을 세울 수 있습니까? 하나님을 사랑하는 그 사람이 하나님의 성전을 세우는 것입니다. 아무나 교회를 세우는 것이 아닙니다. 아무나 교회의 일꾼이 되는 것이 아닙니다. 누가 하나님의 교회를 세우고 누가 하나님의 교회의 일꾼이 되는 것입니까? 하나님을 사랑하는 그 사람을 통해 하나님은 교회를 세우고, 하나님이 주시는 영적 부담감을 가지고 있는 자에게 교회의 일꾼이 되게 하십니다.

다윗의 가정이 복을 받을 수 있었던 첫 번째 조건은 바로 하나님을 최우선으로 생각했다는 것입니다. 하나님을 최우선으로 생각하는 가정 되시기를 바랍니다. 하나님의 몸된 교회를 가장 사랑하고 최우선으로 생각하는 가정이 되기 바랍니다. 교회를 사랑하는 마음은 부모에게서 자녀에게 교육되는 것입니다. 참 신기한 것은 자녀들이 부모의 마음을 금방 압니다. 차를 타고 날마다 정치 얘기를 하고 혹은 부정적인 사람의 얘기를 하면 자녀들도 그 영향을 받습니다. 똑같이 욕하고, 똑같이 싫어합니다. 그런데 부모가 사랑하는 마음을 갖고 사랑하는 말을 하면 자녀들도 똑같이 그 사랑을 배웁니다. 부모가 교회에 대해 부정적인 말을 하고 교회의 문제에 대해서 늘 말을 한다면 자녀들도 교회를 싫어합니다. 교회를 멀리하게 됩니다. 그런데 날마다 교회를 사랑하는 말을 하고 교회가 좋다고 말하면 자녀들도 동일한 마음을 가지고 교회를 사랑합니다.

하나님의 이 약속을 믿은 다윗은 27절에 담대하게 고백합니다.

"만군의 여호와 이스라엘의 하나님이여 주의 종의 귀를 여시고 이르시기를 내가 너를 위하여 집을 세우리라 하셨으므로 주의 종이 이 기도로 주께 간구할 마음이 생겼나이다" (삼하 7:27)

하나님을 최우선으로 여긴 다윗에게 하나님은 그의 집을 세우신다는 소망을 주셨습니다. 그리고 다윗의 가문에서 세워진 성전은 이후에 세워진 어떤 성전보다도 가장 아름다운 하나님의 성전이 되었습니다. 그래서 모든 아름다운 것을 비교할 때는 바로 솔로몬의 성전 그 대상이 된 것입니다. 하나님을 최우선으로 여기시는 가정되시기를 바랍니다. 주님의 몸된 교회를 가장 사랑하는 가정되시기 바랍니다. 그러면 주님께서 여러분의 가정을 사랑하시고 세우실 줄 믿습니다.

두 번째, 하나님의 은혜를 기억하는 가정이었습니다.

28절 말씀입니다.

"주 여호와여 오직 주는 하나님이시며 주의 말씀들이 참되시니이다 주께서 이 좋은 것을 주의 종에게 말씀하셨사오니" (삼하 7:28)

하나님은 우리에게 항상 가장 좋은 것을 주시는 분이심을 믿으십니까? 감사할 제목을 생각하면 감사밖에 없음을 고백하게 됩니다. 우리의 삶에 눈에 보이는 긍정적인 부분만을 보고 만족하는 것이 아니라 어려운 상황 속에서도 반드시 가장 좋은 것으로 베푸시는 하나님을 믿어야 합니다.

다윗은 자신의 처지를 누구보다 잘 알고 있었습니다. 그리고 하나님은 나에게 가장 좋은 것을 주시는 분이시라는 것도 믿었습니다.

18절에 다윗은 고백합니다.

"다윗 왕이 여호와 앞에 들어가 앉아서 이르되 주 여호와여 나는 누구이오며 내 집은 무엇이기에 나를 여기까지 이르게 하셨나이까" (삼하 7:18)

다윗이 누구였습니까? 목동이었습니다. 들에서 양이나 치며 노래나 부르던 평범한 목동이었습니다. 사무엘이 이새의 아들들 중에서 왕을 찾을 때에도 막내였던 다윗은 아버지가 부르지도 않았습니다. 말 그대로 부모에게도 인정받지 못했던 사람이 다윗이었습니다. 그러던 다윗을 하나님께서 부르셔서 기름 부으시고 왕이 되게 하셨습니다. 철없는 다윗을 골리앗을 물리치는 전쟁의 영웅으로 만들어주셨습니다. 한때 자신을 죽이려는 사울을 피해 도망하던 때도 있었지만 하나님은 위기 때마다 다윗을 살려주셨고 그를 지켜주셨습니다. 다윗이 자신의 인생에 있었던 모든 사건들을 기억하면서 날마다 고백했던 것이 바로 이것입니다. '주님 나는 누구입니까?' '내 집은 무엇이기에 나를 여기까지 인도하셨습니까?' '하나님 내가 누구입니까?' '내가 어떻게 이 자리까지 올라오게 되었습니까?' '우리 집이 어떻게 이렇게 세워지게 되었습니까?' '내가 어떻게 왕이 되어 이 궁궐에서 살고 있습니까?' '주님 내가 누구입니까?' 우리의 삶에 반드시 하나님께 질문해야 하는 것이 바로 이것입니다. '하나님 나는 누구입니까?' '내가 어떻게 이런 자리를 얻을 수 있습니까?' '내가 어떻게 이런 축복을 받을 수 있습니까?' 이 고백을 우리는 해야 합니다.

축복을 구하기 전에, 그리고 축복을 받은 후에도 우리는 하나님께 물어봐야 합니다. '하나님 내가 이런 복을 받을 자격이 되는 사람입니까?' 하나님의 은혜를 기억하는 자에게 하나님은 더 큰 축복과 은혜를 베풀어주십니다.

제가 미국에서 있을 때 성민이가 이제 막 3, 4살 되던 해에 여름휴가로 바닷가에 놀러 갔습니다. 바다가 없는 텍사스에 살다가 모처럼 만에 바다를 보니까 얼마나 좋았는지 모릅니다. 그곳은 바위로 이루어진 해안가로 바위에는 조개들이 많이 붙어있었습니다. 어린 성민이랑 저의 사모에게는 조심하라고 얘기하던 제가 그만 바위에서 미끄러져서 손을 디뎠는데 깨진 조개껍질에 제 오른쪽 손바닥이 크게 베이게 되었습니다. 얼마나 피가 많이 나는지 대충 수건으로 둘둘 감싸고 지혈을 하는데 피가 멈추지를 않는 것입니다. 일회용 밴드로 붙여서 될 게 아닌 거 같아서 근처에 있는 병원 응급실로 급하게 차를 몰고 가는데 제 마음에 걱정이 있었습니다. 왜냐하면 유학생으로 있다 보니 미국 보험료가 비싸서 건강보험 없이 살고 있었기 때문입니다. 병원 가기가 두렵지요. 응급실 가면 일단 몇천 불은 나온다고 들었는데 가야 할지 말아야 할지 고민을 많이 했습니다. 그런데 수건이 온통 피로 물드니 안 되겠다고 병원으로 간 것입니다. 결국 병원에서 18 바늘인가를 꿰맸습니다. 조개껍질에 병균이 있을 수 있다며 파상풍 주사도 맞았습니다. 치료는 잘 되었는데 이제는 병원비가 걱정되었습니다. 하나님께 기도했지요. '하나님 큰일 났습니다. 휴가도 싸게 가려고 호텔도 안 잡고 차에서 차박하면서 휴가를 왔는데 병원비를 어떻게 해야 합니까?' 이제 치료를 마친 후 수납처에서 저에게 보험이 있냐고 물어보더라고요. 보험이 어디 있습니까? 보험은 하나님 보험밖에 없는데, 없다고 했지요. 그러니 직업이 뭐냐고 묻길래 목사라고 했습니다. 신학생이라고요. 돈이 얼마나 있냐고 묻길래 통장 다 털어봐야 몇백 불밖에 없다고 하니까 저를 가만히 보더니 종이 몇 장을 주면서 작성하라고 하더라고요. 그리고 50달러 우리나라 돈으로 6만 원만 내고 가라고 했습니다. 돈을 지불하고 나왔는데도 걱정이 되었습니다. 휴가는 다 물 건너 간 것 같습니다. 나중에 집으로 고지서가 날아오는 거 아닌가 싶어서지요. 그런데 손을 다친 지 벌써 10년이 넘었는데도 아직까지 고지서가 날아오지 않았습니다. 나중에 알아보니 미국 병원은 후원하는 사람들이 있어 그 후원금을 가지고 병원비를 내지 못하는 가난한 사람들, 보험 없는 사람들의 병원비를 대신 내주는 프로그램이 있었던 것입니다. 사람들은 농담으로 생각할 수 있지만 저는 진짜 하나님 보험으로 치료받은 것입니다. 치료를 받은 것뿐만 아니라 의사가 말하는데 상처가 조금만 깊었어도 손가락 신경이 잘릴뻔했는데 다행히 신경선은 살아있어서 다행이라고 말했습니다. 정말로 하나님이 지켜주셨습니다. 제 손을 볼 때마다 저는 하나님의 은혜를 생각할 수 밖에 없습니다.

다윗은 고백합니다. '하나님 제가 누구입니까?' '하나님, 저의 집이 무엇이길래 이런 축복을 주십니까?' 다윗은 그 은혜를 잊어버릴 수가 없었습니다. 그렇습니다. 여러분 하나님으로부터 받은 은혜를 우리는 반드시 기억해야 합니다. 그리고 질문해야 합니다. '하나님, 제가 누구길래 이런 복을 주십니까?' 과거의 아픈 시간을 추억하라는 것이 아닙니다. 과거의 나의 모습을 보면서 오늘 나에게 주시는 하나님의 은혜를 기억하라는 것입니다. 문제는 하나님의 은혜가 없는 것이 아닙니다. 하나님께서 우리 가정에 왜 이런 시련을 주시는가가 아닙니다. 문제는 내가 하나님으로부터 받은 그 은혜, 우리 가정에 베풀어주신 그 은혜를 기억하지 못하고 살아가는 것이 문제입니다.

그런데 똑같은 질문을 해도 반대로 해석하며 질문하는 사람이 있습니다. '하나님, 내가 누군 줄 아십니까?' '하나님, 우리 집이 어떤 집인 줄 아십니까?' 드라마 속에서 악역을 맡은 사람들이 항상 하는 말 아닙니까? 내가 누군 줄 아냐고, 우리 집이 어떤 집인 줄 아냐고? 사실 들여다보면 별 볼 일 없는데 자기 자신을 드러내는 것에 열을 냅니다. 결국 결말은 아무것도 아닌 존재로 끝나는데 말입니다.

이런 말이 있습니다. '자신을 과대평가할 때는 불평이 나오지만 자신을 과소평가하면 감사가 나온다.' 우리는 하나님 앞에 내가 얼마나 큰 은혜를 받은 자인지, 우리 가정이 얼마나 큰 축복을 받은 가정인지 깨달아야 합니다. 이것을 가정 안에서 자녀들에게 교육해야 합니다. 하나님의 은혜없이는 세워질 수 없는 가정이라는 것을 알아야 합니다. 그래야 우리의 자녀들이 때로는 뜻하는 것이 거절되거나 시련을 만난다 하더라도 변함없이 하나님만 붙잡을 수 있는 것입니다.

그래서 본문 28절에 말합니다.

"주 여호와여 오직 주는 하나님이시며 주의 말씀들이 참 되시니이다 주께서 이 좋은 것을 주의 종에게 말씀하셨사오니" (삼하 7:28)

다윗이 하나님의 말씀은 항상 참되시며 하나님은 항상 나에게 좋은 것을 주신다고 고백합니다. 왜냐하면 지금까지 나의 삶을 돌아보니 하나님이 좋은 것을 주시지 않은 적이 없다는 것을 다윗은 알았기 때문입니다. 하나님의 은혜를 기억하는 사람, 하나님의 은혜를 기억하는 가정이 되시기를 바랍니다.

세 번째, 하나님께 영원한 축복을 구한 가정입니다.

29절 말씀입니다.

"이제 청하건대 종의 집에 복을 주사 주 앞에 영원히 있게 하옵소서 주 여호와께서 말씀하셨사오니 주의 종의 집이 영원히 복

을 받게 하옵소서 하니라" (삼하 7:29)

29절에는 '영원히'라는 말이 두 번 반복됩니다. '주 앞에 영원히 있게 하옵시고' '영원히 복을 받게 하옵소서' 이 말은 무슨 말입니까? 하나님이 보시는 곳에 항상 머무는 가정이 되게 해달라는 것입니다. 다시 말해 하나님이 인도하시고, 하나님이 지키시고, 하나님이 살펴보시는 가정이 되게 해달라는 것입니다. 하나님을 피해 살면 안 됩니다. 하나님의 은혜에서 벗어난 삶을 살아가면 안 됩니다. 하나님 없이 잘 되고, 하나님 없이 복 받는 것은 참된 축복이 아닙니다. 우리 가정이 하나님 앞에 선 가정, 하나님이 인도하심을 따라가는 가정이 될 때 하나님께서 그 가정을 지키고 복 주실 줄 믿습니다.

16세기 종교개혁의 핵심 고백 중에 '코람데오 Coram Deo'가 있습니다. 그 뜻이 '하나님 앞에서 Before the face of God'입니다. 사람 앞에서 잘 보이고, 세상 앞에서 잘 사는 것이 아니라 오직 하나님 앞에서 하나님의 선하시고 온전하신 뜻을 구하며 살겠다는 고백입니다. 영원히 하나님 앞에 선 복된 가정들이 되어야 합니다.

그리고 다윗은 '영원히 복을 받게 하옵소서'라고 고백합니다. 삶의 일시적인 복으로 끝나는 것이 아니라 하나님의 그 축복이 우리 가정에 영원히 이어지게 하옵소서, 그 축복이 1대를 지나 2대, 3대, 4대를 이어지길 기도합니다. 결국 다윗의 가문에서 예수님이 탄생하시게 됩니다. 다윗 한 사람에서 끝나는 것이 아니라 끝까지 하나님께 복을 받는 가문이 되었습니다.

세상의 복을 구하는 것이 아니라 우리는 하나님의 복을 받아야 합니다. 육신의 축복만이 아니라 영혼의 복, 영원한 천국의 복을 받는 가정이 되어야 할 줄 믿습니다. 우리 가정을 통하여 많은 믿는 자들이 나오고 복음의 일꾼들이 세워지고 하나님의 영광을 드러나는 가문의 축복을 받기를 바랍니다.

말씀을 맺겠습니다. 다윗을 향한 하나님의 축복은 다윗 한 사람에게만 머물러 있지 않았습니다. 다윗의 집을 하나님이 선택하셨고 그 가정에 복을 주시기로 약속하셨습니다. 이후에 다윗의 집은 여러 가지 위기를 만나게 됩니다. 충신 우리아 장군의 아내 밧세바를 빼앗는 죄를 저지르고, 자신의 아들인 압살롬의 반란으로 인해 다윗은 도망자가 되고 압살롬은 죽게 됩니다. 이러한 가정의 시련 속에서도 하나님은 다윗의 가문을 축복하시겠다는 그 약속을 잊지 않으시고 다윗의 가정에서 메시아 예수그리스도가 탄생하는 축복의 가문이 되게 하셨습니다.

왜 하나님은 무명의 다윗을 위대한 가문의 시작으로 만들어주셨을까요? 다윗은 하나님을 최우선으로 여겼고, 하나님으로부터 받은 은혜를 잊지 않았던 사람이기 때문입니다. 다윗의 인생에 실패도 있었고, 아픔의 시간도 있었고, 바닥까지 떨어지는 절망도 경험했지만 그는 하나님이 반드시 우리 가정을 살리신다는 믿음이 있었습니다. 그리고 영원한 복을 주시는 그 하나님의 축복을 구했습니다. 다윗과 같은 고백으로 기도하시기 바랍니다. 하나님을 최우선으로 여기고 하나님께 받은 은혜를 기억하며 우리 집과 나의 삶이 영원히 하나님 앞에 서는 가정, 인생이 되게 하시고, 종의 집이 영원히 하나님의 복을 받게 하옵소서! 다윗이 구하고 받았던 그 놀라운 축복을 받는 가정 되시기를 바랍니다.

5. 응답의 축복

_The Blessing of Respond

열왕기상 3:4-15

이에 왕이 제사하러 기브온으로 가니 거기는 산당이 큼이라 솔로몬이 그 제단에 일천 번제를 드렸더니 기브온에서 밤에 여호와께서 솔로몬의 꿈에 나타나시니라 하나님이 이르시되 내가 네게 무엇을 줄꼬 너는 구하라 솔로몬이 이르되 주의 종 내 아버지 다윗이 성실과 공의와 정직한 마음으로 주와 함께 주 앞에서 행하므로 주께서 그에게 큰 은혜를 베푸셨고 주께서 또 그를 위하여 이 큰 은혜를 항상 주사 오늘과 같이 그의 자리에 앉을 아들을 그에게 주셨나이다 나의 하나님 여호와여 주께서 종으로 종의 아버지 다윗을 대신하여 왕이 되게 하셨사오나 종은 작은 아이라 출입할 줄을 알지 못하고 주께서 택하신 백성 가운데 있나이다 그들은 큰 백성이라 수효가 많아서 셀 수도 없고 기록할 수도 없사오니 누가 주의 이 많은 백성을 재판할 수 있사오리이까 듣는 마음을 종에게 주사 주의 백성을 재판하여 선악을 분별하게 하옵소서 솔로몬이 이것을 구하매 그 말씀이 주의 마음에 든지라 이에 하나님이 그에게 이르시되 네가 이것을 구하도다 자기를 위하여 장수하기를 구하지 아니하며 부도 구하지 아니하며 자기 원수의 생명을 멸하기도 구하지 아니하고 오직 송사를 듣고 분별하는 지혜를 구하였으니 내가 네 말대로 하여 네게 지혜롭고 총명한 마음을 주노니 네 앞에도 너와 같은 자가 없었거니와 네 뒤에도 너와 같은 자가 일어남이 없으리라 내가 또 네가 구하지 아니한 부귀와 영광도 네게 주노니 네 평생에 왕들 중에 너와 같은 자가 없을 것이라 네가 만일 네 아버지 다윗이 행함 같이 내 길로 행하며 내 법도와 명령을 지키면 내가 또 네 날을 길게 하리라 솔로몬이 깨어 보니 꿈이더라 이에 예루살렘에 이르러 여호와의 언약궤 앞에 서서 번제와 감사의 제물을 드리고 모든 신하들을 위하여 잔치하였더라 그리스 로마 신화를 보면 마이더스 왕의 이야기가 나옵니다. 프리기아라는 나라의 왕이었던 마이더스는 왕이라고 말하기에는 너무나 가난하고 초라한 왕이었습니다. 그러던 어느 날 그는 술의 신이었던 디오니소스의 부탁을 들어주었고 디오니소스는 마이더스 왕에게 감사의 표시로 소원을 하나 들어주겠다고 했습니다. 늘 가난한 나라를 이끌어가는 것이 불만이었던 마이더스는 자신이 만지는 것마다 황금으로 변하게 해 달라는 소원을 말합니다. 그러자 신은 마이더스의 소원을 들어주었고, 그가 만지는 모든 것들이 다 황금으로 변하기 시작합니다. 말 그대로 황금손이 되었습니다. 궁궐의 나무 의자를 만지니 황금 의자가 되었습니다. 기둥을 만지니 황금 기둥이 되었습니다. 옷을 만지니 황금 옷이 되었습니다. 왕이 얼마나 신이 났는지 궁궐 밖을 나가서 모든 것들에 손을 대기 시작합니다. 나무를 만지면 황금 나무가 되고, 과일을 만지면 황금 과일이 되고 돌을 만지면 금덩어리가 되었습니다. 그러던 중에 허기가 졌던 왕은 저녁이 되어 차려놓은 음식을 먹으려고 손을 대자 음식들까지 황금으로 변해버렸습니다. 처음에는 자신의 손으로 만지면 무엇이든지 황금이 되는 것이 좋았던 마이더스는 하루가 채 가기 전에 이게 진짜 행복한 것인지 의심이 들기 시작했습니다.

그때 하나밖에 없는 공주가 자기를 향해 달려오자 복잡한 마음에 있던 그가 사랑하는 딸을 기쁜 마음으로 안았는데 순식간에 그 공주는 차가운 금덩어리로 변해버렸습니다. 결국 마이더스는 자신이 신에게 구한 것은 축복이 아니라 저주였다는 것을 깨닫게 되었습니다. 그러나 자신의 손을 어떻게 할 수 없었습니다. 이러한 마이더스의 황금으로 변해버리는 손을 가리켜 '마이더스의 손'이라고 말을 합니다. 무엇이든지 황금으로 만드는 손은 세상에서 볼 때에는 축복으로 여겨지나 황금밖에 만들 수 없는 손은 결국 세상에서 가장 불행한 손, 자신이 진짜 사랑하는 것들을 빼앗아버리는 손이 되어 버린 것입니다.

오늘 본문에 하나님께서는 솔로몬에서 말씀하십니다. 5절에 보면 '내가 네게 무엇을 줄꼬 너는 구하라 Ask what I shall give you' 하나님께서 우리에게 솔로몬에게 말씀하신 것과 같이 소원을 말하라고 하신다면 여러분은 무엇을 구하시겠습니까? 우리 마음에 품은 여러 가지 소원이 있습니다. 나의 삶의 소원이 있고, 가정의 소원이 있고, 자녀의 소원이 있고, 미래의 소원도 있습니다. 청년들에게는 배우자의 소원이 있고, 취

업과 진학의 소원들도 있습니다. 솔로몬의 마음속에 여러 가지 소원의 제목들이 있었지만, 오늘 솔로몬은 하나님 앞에 가장 지혜로운 대답을 함으로써 자신의 마음에 품은 모든 것들이 다 응답받는 축복을 받게 됩니다. 신화 속의 마이다스는 손으로 얻는 축복을 구했다면 솔로몬은 하나님이 주시는 지혜를 구함으로써 하나님의 손으로 베풀어주시는 모든 은혜와 축복을 얻게 됩니다. 오늘 본문의 말씀을 통하여 솔로몬은 어떻게 응답의 축복을 받았는지 살펴보고 응답의 축복을 받는 성도가 되기 바랍니다.

첫 번째, 하나님이 기뻐하시는 예배를 드린 사람입니다.

4-5절 말씀입니다.

"이에 왕이 제사하러 기브온으로 가니 거기는 산당이 큼이라 솔로몬이 그 제단에 일천번제를 드렸더니 기브온에서 밤에 여호와께서 솔로몬의 꿈에 나타나시니라 하나님이 이르시되 내가 네게 무엇을 줄꼬 너는 구하라" (왕상 3:4~5)

사람의 마음을 얻는 방법 중에 여러 가지 방법이 있지만, 그 중에 '스페셜 유 Special You'의 법칙이 있습니다. 한국말로 하면 '특별한 대상'입니다. 이 법칙은 '상대방의 나르시시즘을 충족시켜 주기'입니다. '나르시시즘'이라는 말은 '자기애'라는 말입니다. 따라서 '스페셜 유'라는 것은 마음을 얻으려는 그 대상이 스스로가 중요한 존재, 특별한 존재라는 것을 인식시켜주면 그 사람으로부터 마음을 얻을 수 있다는 것입니다. 그래서 기업의 광고를 보게 되면 이런 말을 많이 합니다. '고객을 우선으로 생각합니다.' '고객을 가족으로 생각합니다.' 그러면 고객의 입장에서는 이 기업이 나를 위해 일하고, 나에게 맞추었다 라는 특별한 마음을 갖게 되고 마음을 열게 됩니다. 정치하는 사람들도 뭐라고 합니까? '국민을 최우선으로 생각합니다.' '국민을 위해 일하겠습니다.' 라고 말합니다. 이것이 무엇입니까? 국민은 자신들에게 특별한 존재, 여러분이 스페셜한 사람이라는 것을 강조하는 법칙입니다. 정말 국민을 특별하게 생각하고 존중하는 사람이 정치를 해야 합니다. 남편이 아내의 마음을 여는 법, 아내가 남편의 사랑을 받는 법도 다른 기술이 필요한 게 아닙니다. '스페셜 유'의 법칙을 대입하면 금방 마음이 열립니다. 상대방이 나에게 가장 특별한 사람이라는 것을 인식하게 하면 마음이 열립니다. 지나가는 말이라도 이렇게 말해보세요. '내가 당신 없으면 어떻게 살 수 있었겠어?' 여기서 한 단계 더 업그레이드해서 '당신 때문에 사람 됐어!' 이런 말을 하면 그때부터 마음의 문을 열게 됩니다. '나 때문에 사람이 됐다니! 내가 사람 만드는 특별한 사람이었구나' 생각하게 됩니다. 그러나 이게 반대가 되면 싸움이 일어나게 됩니다. '당신은 나 때문에 사람 된 줄 알아! 당신은 나 없으면 밥도 못 얻어먹고 살거야!' 그러면 열었던 마음도 닫히게 됩니다.

솔로몬이 하나님의 마음을 얻고자 했습니다. 하나님의 마음을 기쁘게 해드리고 싶었습니다. 그래서 그는 하나님이 가장 기뻐하시고, 하나님을 가장 특별하게 경배하는 번제를 드리기로 작정합니다. 그가 하나님께 어떠한 제사를 드렸습니까?

"…솔로몬이 그 제단에 일천번제를 드렸더니" (왕상 3:4)

솔로몬은 하나님께 일천 번의 제사를 올려 드렸습니다. 영어성경에서는 'a thousand burnt offerings' 라고 말하고 있습니다. 원어를 보면 'הלע ףלא 엘렙 올랏' 이라는 말을 썼습니다.

'천 개의 온전한 번제'를 드렸다고 말합니다.

역대하 1장 6절에 말씀합니다.

"여호와 앞 곧 회막 앞에 있는 놋제단에 솔로몬이 이르러 그 위에 천 마리 희생으로 번제를 드렸더라"

당시에 하나님께 제사를 드릴 때는 소를 잡아서 하나님께 번제로 드렸습니다.

레위기 1장 2절에 말씀합니다.

"이스라엘 자손에게 말하여 이르라 너희 중에 누구든지 여호와께 예물을 드리려거든 가축 중에서 소나 양으로 예물을 드릴지니라"

따라서 솔로몬이 일천번제를 드렸다는 것은 몇 마리의 소를 드린 것입니까? 천 마리의 소를 잡아서 하나님께 번제로 올려드렸다는 것입니다. 여기서 많은 사람들이 두 가지의 질문을 갖게 됩니다. 솔로몬이 한 번에 천 마리의 소를 잡아서 드렸을까? 아니면 솔로몬이 천 번의 예배를 통해 하나님께 일천번제를 드렸을까?

그런데 사실 이것은 중요한 것이 아닙니다. 솔로몬이 며칠에 걸쳐서 단번에 일천 마리의 소를 하나님께 번제로 드렸는지 아니면 날마다 한 마리씩 천 일 동안 하나님께 번제를 드렸는지 그게 중요한 것이 아니라 솔로몬은 하나님께 천 번의 제사를 정성을 다해 올려드렸다는 것입니다. 그냥 소 천 마리 하나님께 바친다고 소 떼를 몰아서 드린 것이 아니라 '번제로 드렸다' 라고 성경은 말합니다. 원어에서 '번제'를 뜻하는 'הלע 올랏' 이라는 말은 영어로는 'whole burnt offering' 우리말로 '온전한 번제'를 뜻합니다. 번제는 오늘날 우리가 드리는 바로 이 예배를 말하는 것이지요. 다시 말해 솔로몬은 온전한 예물을 가지고 온전한 천 번의 예배를 하나님께 올려드렸다는 것입니다.

한 번 생각해 보시기 바랍니다. 일천번제를 드리는 솔로몬에게 가장 어려운 것은 천 마리의 소를 드리는 것입니까? 아니면 천 번의 예배를 매 예배마다 하나님께 정성을 다해 드리는 예배가 어려웠을까요? 천 마리의 소를 바치는 것도 대단한 정성이지만 천 번의 예배를 최선을 다해 정성을 다해 드리는 것이 훨씬 더 어려웠을 것입니다. 왜냐하면 이것에는 인내와 노력과 끈기가 필요하기 때문입니다. 하나님을 진짜 사랑하지 않으면 이렇게 예배할 수가 없는 것입니다.

예를 들어 생각해 보세요. 부모님께 용돈을 보내 드리는 것과 부모님을 날마다 지극 정성으로 모시고 사는 것 중 어느 것이 어렵습니까? 둘 다 효도이지만, 몸이 불편한 부모님 곁에서 온갖 수발을 다 들면서 지극 정성으로 모시고 살아가는 것이 훨씬 더 어려운 것입니다. 인내와 노력과 정성이 필요하기 때문입니다.

솔로몬은 하나님께 그가 할 수 있는 최고의 최선의 예배를 올려드렸고 하나님은 그 마음에 감동하시고 그에게 응답하셨습니다. 하나님이 감동하시는 예배, 하나님의 마음을 여는 예배를 드리는 성도가 되기 바랍니다. 그렇게 하기 위해서 우리의 예배에는 정성이 있어야 합니다. 마음을 다하여 힘을 다해 드리는 예배가 되어야 합니다. 빈 마음, 빈 손으로 드리는 예배가 아니라 정성으로 몸과 마음으로 헌신하는 예배가 되어야 합니다.

과연 내가 하나님께 올려드리는 이 예배는 하나님이 받으시는 예배인지 우리는 돌아봐야 합니다. 하나님의 마음을 여는 예배를 드리고 있는가? 하나님이 나의 기도에 응답하실만

한 예배를 드리는지 돌아봐야 합니다. 1년 52주의 예배 중에 하나님께 최선을 다해 드리는 예배는 얼마나 됩니까? 한 번의 예배를 성공하는 것도 쉬운 게 아닙니다. 왜냐하면 하나님이 받으시는 예배가 어떤 예배라고 성경은 말합니까?

로마서 12장 1절에 말씀합니다.

"그러므로 형제들아 내가 하나님의 모든 자비하심으로 너희를 권하노니 너희 몸을 하나님이 기뻐하시는 거룩한 산 제사로 드리라 이는 너희의 드릴 영적 예배니라"

우리는 예배드릴 때마다 소를 잡아 드리는 것이 아니라 소보다 귀한 우리 자신을 산 제사로, 산 제물로 하나님께 올려드리는 정성의 예배를 드리는 것입니다. 그 예배를 하나님은 기뻐하시고, 예배 중에 우리에게 응답하실 것을 믿습니다. 우리 교회 성도님들 중에서 일천번제의 예물을 하나님께 드렸더니 놀라운 응답을 받았다는 간증의 주인공들이 많이 계십니다. 일천번제의 예물만 드린 것이 아니지요. 일천 번의 예배를 주님께 드린 것이고, 하나님께서 그 정성의 기도에 응답하신 것입니다.

예배는 보러 가는 것이 아니라 '예배는 드리는 것 We worship him' 입니다. 한 번의 예배를 드려도 하나님이 받으시는 예배를 드려야 합니다. 그것이 열 번의 예배가 되고 백 번의 예배, 천 번의 예배가 될 때 예배 시간마다 임재하시고 하나님의 응답을 받는 예배가 될 줄 믿습니다.

두 번째, 하나님이 기뻐하시는 것을 구하는 사람입니다.

10-11절 말씀입니다.

"솔로몬이 이것을 구하매 그 말씀이 주의 마음에 든지라 이에 하나님이 그에게 이르시되 네가 이것을 구하도다 자기를 위하여 장수하기를 구하지 아니하며 부도 구하지 아니하며 자기 원수의 생명을 멸하기도 구하지 아니하고 오직 송사를 듣고 분별하는 지혜를 구하였으니" (왕상 3:10~11)

솔로몬은 어떤 사람이었을까요? 그는 다윗의 열한 번째 아들로 태어났습니다. 사실 다윗의 아들들의 서열로 따지면 솔로몬은 왕이 될 사람이 아닙니다. 그의 어머니는 바로 우리아 장군의 아내 밧세바입니다. 다윗의 부끄러운 과거에서 태어난 솔로몬은 마음이 여리고 약하였고 어린 사람이었습니다. 그런데 하나님은 다윗의 다른 아들이 아니라 솔로몬을 선택하셔서 그에게 기름을 붓고 왕이 되게 하셨습니다.

솔로몬이 얼마나 연약했던지 다윗은 죽기 직전에 솔로몬을 불러서 이렇게 말합니다. 열왕기상 2장 2절에 보면 '너는 힘써 대장부가 되라'고 말하고 있습니다. 다시 말해 강해져야 한다, 정신을 똑바로 차려야 한다고 걱정하며 말했던 것입니다. 이렇게 약점 많은 솔로몬, 어린 솔로몬이 왕이 되었으니 그가 나라를 다스리는데 필요한 것들이 얼마나 많이 있었겠습니까? 아버지 다윗과 같은 용맹함도 필요하고, 싸움의 전략과 기술도 필요했고, 든든한 장군들도 필요했고, 부강한 나라가 되기 위해서 재물도 필요했을 것입니다. 그런데 하나님께서 그에게 무엇을 주기 원하냐고 물어보셨을 때에 솔로몬은 하나님께 무엇을 구하게 됩니까? 지혜를 구하게 됩니다.

9절 말씀을 보면

"누가 주의 이 많은 백성을 재판할 수 있사오리이까 듣는 마음을 종에게 주사 주의 백성을 재판하여 선악을 분별하게 하옵소

서" (왕상 3:9)

  솔로몬은 하나님께 선악을 분별할 수 있는 지혜를 달라고 구하게 됩니다. 왜 그렇습니까? 지금 자신에게 필요한 것은 힘과 권력과 재물이 아니라 자신에게 맡겨주신 왕의 임무를 감당할 수 있는 지혜가 필요하다는 것을 그는 깨달았기 때문입니다. 솔로몬은 자기 자신을 잘 알고 있었습니다. 그래서 6절에 자신이 왕이 된 것은 잘나서 된 것이 아니라 아버지 다윗이 하나님으로부터 은혜를 받아서 자신은 그 은혜에 덤으로 이 자리에 앉은 것이고, 7절에 그렇게 왕이 되었지만 여전히 스스로 자격이 없는 자라는 것을 잘 알기 때문에 자신을 '종은 작은 아이라 I am a little child' 출입할 줄을 알지 못한다, 사리분별도 하지 못하는 자라고 고백합니다.

  왕이 되었지만, 왕의 역할조차 제대로 할 수 없었던 솔로몬에게 가장 지금 필요한 것은 왕의 자리를 잘 감당하는 것이었습니다. 백성을 잘 이끌고, 나라를 잘 이끌어야 하는 지혜가 필요했다는 것입니다. 왕의 자리조차 소화할 수 없는 솔로몬에게 장수하는 것이 무슨 소용이 있고, 재물이 무슨 소용이 있고, 전쟁에서 승리하는 것이 무슨 소용이 있겠냐는 것입니다.

우리가 하나님께 구하는 기도의 내용 중에 반드시 생각해야 하는 것이 이것입니다. '나는 내가 기도하는 그 제목을 감당할 수 있는 능력이 되는 사람인가?' 라는 것입니다. 물질의 축복을 구하는 자는 먼저 무엇부터 소유해야 합니까? 하나님이 주시는 물질을 잘 다스리고 관리하는 능력이 먼저 필요합니다. 그렇지 않으면 그 물질 때문에 교만하고 하나님을 떠날 수 있습니다. 인생의 성공을 구하는 자는 먼저 무엇부터 알아야 합니까? 내가 왜 성공해야 하는지 그 목적부터 알고 있어야 합니다. 그래야 하나님이 내가 하는 모든 일이 잘 되게 할 때에 그 목적대로 살아갈 수 있는 것이지 그렇지 않으면 성공 때문에 세상으로 빠져버리게 됩니다. 학생이 좋은 학교에 들어가고, 좋은 직장에 취직하는 것도 중요합니다. 그런데 먼저 왜 좋은 학교에 들어가야 하는지, 왜 바라는 직장에 들어가야 하는지, 그곳에 가서 어떻게 하나님께 영광을 돌리는 삶을 살 수 있는 것인지 분명한 소명부터 가지고 있어야 합니다. 그렇지 않다면 좋은 학교, 좋은 직장에 취직하는 것보다 먼저 하나님의 소명을 얻게 해달라고 기도하는 것이 우선되어야 하는 것 아닐까요?

우리는 때로는 감당하지도 못할 기도의 제목을 하나님께

먼저 구할 때가 많이 있습니다. 하나님이 왜 이 기도를 들어주셔야 하는지 분명하고 구체적인 목적은 없이 막연히 구하는 기도만 하고 있으면 안 되는 것입니다. 왜 솔로몬의 구함을 하나님은 기뻐하셨을까요? 그는 자신이 무엇이 진짜 필요한지를 정확하게 알고 있었기 때문입니다. 그리고 그것이 하나님이 그에게 주시고자 했던 것과 일치했기 때문에 하나님이 기뻐하셨던 것입니다.

빌립보서 2장 13절은 말씀합니다.

"너희 안에서 행하시는 이는 하나님이시니 자기의 기쁘신 뜻을 위하여 너희에게 소원을 두고 행하게 하시나니"

누구의 기쁘신 뜻입니까? 우리의 기쁜 뜻대로 입니까? 하나님의 기쁘신 뜻을 위하여 우리에게 소원을 두고 행하신다고 말씀하십니다. 이것은 이렇게 이해할 수 있습니다. 우리에게 소원이 있는데 이 소원이 하나님의 기쁘신 뜻과 일치할 때 하나님은 그것을 이루어 주신다는 것입니다. 아무리 내가 소원을 가지고 있어도 그것이 하나님의 기쁘신 뜻이 아니라면 그 소원은 이루어질 수가 없는 것입니다. 오히려 이루어 주시면 우리를 망하게 만드는 것입니다. 왜냐하면 그것은 하나님의 기쁘신 뜻이 아니기 때문입니다.

따라서 우리는 무엇을 구해야 하는 것일까요? 하나님이 원하시는 뜻이 무엇인지를 분별할 수 있는 지혜가 필요합니다. 이미 솔로몬은 지혜를 구하기 전부터 하나님께서 그에게 지혜를 주셨습니다. 다시 말해 지혜를 구하는 솔로몬은 지혜로운 대답을 하고 있는 것입니다. 하나님의 기쁘신 뜻은 결국 우리가 이 땅 가운데서 하나님의 자녀로 복을 받고 살아가는 것입니다. 세상 가운데 낙심하고 절망하며 사는 것이 아니라 세상 속에서 하나님의 거룩한 자녀들로, 믿는 성도로, 승리자로 살아가는 것입니다. 주셔도 감당하지도 못할 것을 구하는 것이 아니라 감당할 수 있는 힘을 먼저 구하시기 바랍니다. 감당해야 할 사명을 구하시기 바랍니다. 하나님의 영광을 위해서 필요한 것들을 구하세요. 그러면 하나님 반드시 우리의 간구에 응답하실 줄 믿습니다.

세 번째, 하나님의 뜻대로 행하는 사람입니다.

13-14절 말씀입니다.

"내가 또 네가 구하지 아니한 부귀와 영광도 네게 주노니 네 평생에 왕들 중에 너와 같은 자가 없을 것이라 네가 만일 네 아버지 다윗이 행함 같이 내 길로 행하며 내 법도와 명령을 지키면 내가 또 네 날을 길게 하리라" (왕상 3:13~14)

하나님이 왜 풍성하신 하나님이신지 아십니까? 하나님은 우리가 구한 것 만큼만 주시는 분이 아니시라, 구한 것 이상으로 베풀어주시는 하나님이시기 때문입니다. 사람도 그렇습니다. 뭐하나 더 챙겨주고 싶은 사람이 있는가 하면 줘도 섭섭한 사람이 있습니다. 그 차이가 무엇입니까? 그 사람이 어떻게 말하고, 어떻게 행동하는가에 차이가 있는 것입니다. 솔로몬의 대답을 들었던 하나님께서 그 마음이 얼마나 기쁘셨던지, 그리고 얼마나 그가 기특했던지, 그가 구하지도 않았던 부귀와 영화와 장수의 축복까지 더해 주셨음을 믿으시기 바랍니다. 왜냐하면 우리 하나님은 풍성하신 하나님이시기 때문입니다. 솔로몬은 지혜를 구했지만, 하나님은 그에게 모든 것이 다 필요하다는 것을 알고 계셨기 때문에 구하지 않았던 모든 것들을 다 응답해 주신 것입니다.

에베소서 3장 20절은 말씀합니다.

"우리 가운데서 역사하시는 능력대로 우리가 구하거나 생각하는 모든 것에 더 넘치도록 능히 하실 이에게"

그렇다면 그 풍성한 응답을 누구에게 주실까요? 하나님의 뜻에 맞는 자들, 하나님의 길에서 벗어나지 않는 자들에게 주심을 믿으시기 바랍니다.

본문 14절에 보면

"네가 만일 네 아버지 다윗이 행함 같이 내 길로 행하며 내 법도와 명령을 지키면 내가 또 네 날을 길게 하리라" (왕상 3:14)

하나님의 축복을 얻기 위해서, 하나님의 응답을 얻기 위해서는 하나님 안에 거해야 합니다. 그 길에서 벗어나면 안 되고, 하나님의 뜻에서 벗어나면 안 됩니다.

요한복음 15장 7절에 예수님은 말씀하십니다.

"너희가 내 안에 거하고 내 말이 너희 안에 거하면 무엇이든지 원하는 대로 구하라 그리하면 이루리라"

주님 안에 거해야 이루어지는 것입니다. 그 축복과 응답이 영원한 것입니다. 많은 사람들이 응답을 받고 그 축복을 지키지 못하는 이유가 무엇일까요? 그것은 바로 하나님의 뜻에서 떠나버리기 때문입니다. 아무리 내가 지혜를 얻고 하나님 안에 풍성한 축복을 받았어도 하나님 안에 있을 때 영원한 것이지 하나님의 뜻에서 벗어나고, 은혜에서 떨어져 버리면 그 모든 것들은 한순간에 사라져 버립니다. 꽃이 나무에 붙어 있을 때 계속해서 향기와 아름다운 색을 나타내는 것이지 나무에서 떨어지게 되면 잠깐 동안 향기를 내는 것 같아 보이지만 결국 말라버립니다. 하나님의 뜻 안에 거하여서 응답의 축복을 지키는 성도가 되기 바랍니다. 받은 은혜가 크면 클수록 우리는 더 하나님의 은혜 안에 있어야 합니다. 받은 복이 크면 클수록 우리는 더 하나님께 감사하고, 더욱 주님을 의지하며 기도해야 합니다.

말씀을 맺겠습니다. 하나님 앞에 어떤 소원을 가지고 간구하십니까? 먼저 하나님의 마음을 여는 예배를 드리기 바랍니다. 솔로몬은 자신이 드릴 수 있는 최선의 예배를 하나님께 올려드림으로써 하나님으로부터 응답을 얻는 통로를 얻게 되었습니다. 우리도 하나님을 감동시키는 예배를 드리고, 하나님을 감동시키는 헌신을 하는 성도가 되기 바랍니다. 하나님은 언제 가장 기뻐하실까요? 하나님을 예배하는 그 시간을 기뻐하십니다. 그래서 요한복음 4장 23절에 "하나님은 참되게 예배하는 자를 찾으신다"고 말씀하십니다. 오늘 우리가 드리는 예배가 하나님이 받으시는 예배가 되기를 바랍니다. 하나님이 받으시는 열 번의 예배, 백 번의 예배, 천 번의 예배, 내가 드리는 모든 예배가 하나님이 받으시는 예배가 될 때 하나님은 그 시간을 통해 우리에게 역사하시고 응답하실 줄 믿습니다.

하나님의 뜻에 합한 소원을 간구하시기 바랍니다. 하나님이 베풀어주셔도 감당하지 못할 소원, 목적과 의미도 없는 것을 구하지 말고 감당해야 하는 기도의 제목, 감당할 수 있는 능력을 구하는 기도를 하시기 바랍니다. 하나님의 뜻을 분별할 수 있는 지혜를 달라고, 하나님이 주시는 물질을 다스릴 수 있는 지혜를 달라고, 하나님이 주신 가정과 일터와 삶을 이끌어갈 수 있는 분별력을 달라고 기도하시기 바랍니다. 그러면 풍성하신 하나님께서는 우리가 구하지 않은 모든 것까지도 다 채워 주실 줄 믿습니다.

가장 중요한 것은 하나님의 뜻에서 떠나지 마세요. 받은 응답과 축복을 지키는 성도가 되기를 바랍니다. 솔로몬은 지혜의 왕이었지만 그의 마지막은 하나님의 뜻에서 벗어나게 됩니다. 그래서 받은 축복을 끝까지 지키지 못했습니다. 이것은 우리에게 중요한 교훈을 줍니다. 아무리 지혜를 얻었어도 지키지 못하는 자, 하나님의 뜻에서 벗어나게 되면 그 지혜도 스스로를 구원할 수 없다는 것입니다. 날마다 하나님의 은혜 안에 거하고, 간절함으로 기도하는 자에게 하나님께서 반드시 응답의 축복을 베풀어주실 줄 믿습니다. 이 축복을 받아 누리기 바랍니다.

6. 고난 후 축복

_The Blessing beyond Suffering

욥기 42:10-17

욥이 그의 친구들을 위하여 기도할 때 여호와께서 욥의 곤경을 돌이키시고 여호와께서 욥에게 이전 모든 소유보다 갑절이나 주신지라 이에 그의 모든 형제와 자매와 이전에 알던 이들이 다 와서 그의 집에서 그와 함께 음식을 먹고 여호와께서 그에게 내리신 모든 재앙에 관하여 그를 위하여 슬퍼하며 위로하고 각각 케쉬타 하나씩과 금 고리 하나씩을 주었더라 여호와께서 욥의 말년에 욥에게 처음보다 더 복을 주시니 그가 양 만 사천과 낙타 육천과 소 천 겨리와 암나귀 천을 두었고 또 아들 일곱과 딸 셋을 두었으며 그가 첫째 딸은 여미마라 이름하였고 둘째 딸은 긋시아라 이름하였고 셋째 딸은 게렌합북이라 이름하였으니 모든 땅에서 욥의 딸들처럼 아리따운 여자가 없었더라 그들의 아버지가 그들에게 그들의 오라비들처럼 기업을 주었더라 그 후에 욥이 백사십 년을 살며 아들과 손자 사 대를 보았고 욥이 늙어 나이가 차서 죽었더라 체벌과 체력단련의 차이를 아십니까? 예전 고등학교 시절에 선생님 중에 말을 안 듣는 학생에게 체벌로 운동장을 돌게 하는 선생님들이 있었습니다. 그러면 운동장을 도는 내내 기분이 안 좋습니다. 그리고 얼마나 힘든지 모릅니다. 온갖 힘든 모습을 다 내며 짜증을 부리며 어쩔 수 없이 운동장을 돕니다. 그런데 똑같이 운동장을 도는데 체육시간에 체력단련으로 돌 때가 있습니다. 예전에는 체력장이라고 해서 어느 정도 체력이 되어야 다음 학년에 진급할 수가 있었습니다. 체력장에서 좋은 성적을 내기 위해서 운동장을 돌 때에는 집중해서 돕니다. 최선을 다해서 좋은 성적을 내기 위해 뜁니다. 똑같이 힘들게 운동장을 도는 것이지만, 선생님께 잘못해서 체벌을 받아서 도는 것과 체력단련을 위해서 운동장을 도는 것은 완전히 다른 목적과 의미가 있는 것입니다. 그런데 가끔 선생님들 중에 헷갈리게 하시는 분들이 있습니다. 너는 잘못했기 때문에 체력단련을 위해 운동장을 돌라고 하면 이건 체벌인지 체력단련인지 헷갈립니다. 잘못해서 매를 맞는데 이건 사랑의 매라고 말합니다. 사랑의 매인지, 사망의 매인지 헷갈립니다. 육체적인 고통도 남이 시켜서 어쩔 수 없이 하는 고통과 이 고통이 나를 위한 것임을 알고 고통의 목적을 알고 있을 때는 똑같이 힘든 고통이지만, 그것을 바라보는 시각이 완전히 다릅니다.

고난도 마찬가지입니다. 우리 그리스도인들도 이 땅 가운데 살아갈 때 원치 않는 고난을 만날 때가 있습니다. 중요한 것은 이러한 고난의 목적과 뜻을 안다면 우리는 고난 뒤에 있을 영광을 볼 수 있는 것입니다.

로마서 8장 18절에는 말씀합니다.

"생각하건대 현재의 고난은 장차 우리에게 나타날 영광과 비교할 수 없도다"

세상 사람들은 고난의 이유와 목적을 모르기 때문에 고난을 당하면 불행하다고 말하지만, 하나님의 자녀인 우리가 당하는 고난에는 이유가 있습니다. 목적이 있습니다. 고난 자체가 목적이 아니라 고난을 통과했을 때에 하나님께서는 주시는 은혜와 축복이 있습니다. 그래서 C. S. 루이스는 '고통의 문제'라는 책에서 '고난을 가리켜 변장된 축복' '고난은 하나님이 우리를 흔들어 깨우는 확성기다'라고 말했습니다. 하나님의 은혜와 축복은 고난이라는 보자기에 싸여서 우리에게

전해주십니다. 풀어보기 전까지는 그것이 나에게 축복인지 우리는 알 수 없습니다. 그러나 그 고난을 이겨내고 통과했을 때 하나님은 반드시 우리에게 놀라운 은혜와 축복을 베풀어 주심을 믿으시기 바랍니다.

오늘 본문의 축복의 주인공은 바로 욥입니다. 그런데 사실 욥은 누구입니까? 성경 속에 고난을 대표하는 인물 아닙니까? 욥기 1장과 2장에 보면 그는 인간이 당할 수 있는 모든 고난을 다 당하게 됩니다. 한 명의 자녀를 잃어버리는 것도 부모로서 슬픈 일인데 열 명의 아들딸이 한꺼번에 죽게 됩니다. 그리고 그가 가진 모든 재산은 다 불타고 없어져 버렸습니다. 자신의 옆에 있던 아내는 욥을 저주하고 곁을 떠나고, 욥 자신도 온몸에 종기가 나는 중병에 걸리게 되었습니다. 위로한다고 찾아왔던 욥의 친구들은 이 모든 재앙이 바로 욥의 죄값으로 받은 것이라고 하면서 고통 가운데 있는 욥의 마음을 더욱 힘들게 만들어 버립니다.

그중에서 가장 욥을 힘들게 했던 것은 무엇이었을까요? 그는 자신에게 왜 이런 고난이 찾아왔는지 그 이유를 알 수 없었다 라는 것입니다. 사람이 이유 없이 혼날 때가 가장 억울하지 않습니까? 한참 혼이 났는데 이유를 알 수 없습니다. 왜 때

렸냐고 물어보니까 그냥 때렸다고, 너는 생긴 게 기분 나빠서 때렸다고 말하면 그것만큼 억울한 것이 세상에 어디에 있습니까? 욥이 당한 고난은 욥이 느끼기에는 이유 없는 고난입니다. 왜냐하면 욥은 고난을 당할 만한 이유가 하나도 없었기 때문입니다.

성경은 욥기 1장 1절에 욥을 이렇게 소개합니다.

"우스 땅에 욥이라 불리는 사람이 있었는데 그 사람은 온전하고 정직하여 하나님을 경외하며 악에서 떠난 자더라"

욥이 부정직하고, 하나님을 경외하지 않고, 악을 좋아했던 사람이라고 한다면 고난당하는 것이 마땅합니다. 혼나야 할 이유가 충분합니다. 그런데 욥에 대해 설명하는 것을 볼 때 우리 생각에도 욥이 왜 고난을 당해야만 했는가 의문이 들 정도로 욥은 정직한 사람이었습니다. 의인이었습니다.

욥기 1장 5절에 보면 욥의 자녀들이 잔치를 하게 되면 항상 그 다음 날에는 그들을 성결하게 했다고 합니다. 지난날의 죄를 회개하게 하고 욥은 자녀들의 수대로 번제를 드렸다고 성경은 말합니다. 욥은 가정에서도 올바른 신앙교육을 했던 사람이라는 것입니다. 이랬던 욥에게 고난이 닥친 것입니다. 그렇게 정성으로 신앙교육을 바르게 시켰던 그 자녀들도 한순간에 죽임을 당하게 되었습니다. 하나님 앞에 물질도 인색하게 드리지 않기를 힘썼던 욥의 모든 재산이 하루아침에 다 불타버렸습니다. 그래서 욥기의 주제는 의인도 고난을 당할 수 있다라는 것입니다. 하나님 앞에 올바른 자들도 하나님의 뜻하심과 목적하심에 의해 고난당할 때가 있다라는 것입니다.

교회 성도님을 위해 기도하면서 가장 마음이 아플 때는 열심히 신앙생활 하시고, 믿음으로 교회에 충성 봉사하신 성도님들이 뜻 모를 어려움을 당할 때입니다. 건강의 어려움을 당하고, 가정의 위기를 당하고, 사업장과 직장에 어려움을 당할 때, 자녀에게 문제가 일어나게 되었을 때 너무나 마음이 아픕니다. 하나님께 기도하면서 마치 욥이 기도했던 것 같이 '하나님 왜 이렇게 열심인 성도에게 이런 어려움을 주십니까?' 기도할 때가 많이 있습니다. 그런데 분명한 것은 이러한 고난도 반드시 하나님의 뜻이 있고, 하나님의 은혜가 있음을 믿으시기 바랍니다. 고난 당할 때는 알 수 없으나 하나님의 감추어둔 축복이 반드시 있음을 믿으시기 바랍니다.

그래서 오늘 말씀은 고난 후 축복입니다. 더 정확한 의미는

'고난을 넘어선 축복the Blessing beyond Suffering'입니다. 욥이 받은 고난 후의 축복을 함께 살펴보면서 우리에게 뜻 모를 고난이 닥친다 하더라도 반드시 은혜를 베풀어주시고, 회복케 하실 하나님을 의지하는 성도가 되시기를 축원합니다.

첫 번째, 회복의 축복입니다.

10절 말씀입니다.

"욥이 그의 친구들을 위하여 기도할 때 여호와께서 욥의 곤경을 돌이키시고 여호와께서 욥에게 이전 모든 소유보다 갑절이나 주신지라" (욥 42:10)

우리가 당하는 그 어떤 고난에도 반드시 끝이 있음을 믿으시기 바랍니다. 하나님의 계획이 이루어지는 그때가 바로 그 끝입니다. 따라서 우리는 하나님이 응답하시는 그때를 기다려야 합니다. 출애굽한 이스라엘 백성에게 광야의 길은 고난의 길이었지만 하나님은 그들을 가나안땅으로 들어가게 하시는 끝이 오게 하셨습니다. 고난을 겪는 그 순간만큼은 영원할 것만 같습니다. 이 고난을 내가 평생 안고 살아가야 하는 것 같이 느껴지지만 인내하고 기다리는 자에게 하나님은 반드시 곤경을 돌이키시고 회복하게 하실 줄 믿습니다.

욥이 하나님께 기도할 때 하나님께서 어떻게 하셨습니까? 욥의 곤경을 '돌이키셨다'고 성경은 말합니다. 원어로는 'בוש 사브'라는 말이고 영어로는 'restored' 그 뜻이 '돌아오다, 회복되다'입니다. 하나님은 욥을 회복시켰습니다. 그의 고난이 상처로, 아픔으로 끝나는 것이 아니라 이전보다 더 큰 축복으로 이전보다 더 큰 은혜로 회복하게 하셨음을 믿으시기 바랍니다.

고난이 축복이 되는 첫 번째 이유가 바로 여기에 있습니다. 고난은 회복의 은혜를 깨닫게 하십니다. 건강할 때에는 건강한 것이 은혜인지 모릅니다. 그런데 건강을 잃어버리고 나면 그것이 은혜라는 것을 깨닫게 됩니다. 예배할 수 있을 때에는 예배하는 것이 은혜인지 모릅니다. 그런데 예배할 수 없을 때가 오면 마음껏 예배하는 것이 축복이라는 것을 깨닫게 됩니다. 소유하고 있을 때에는 감사를 알지 못하지만 잃어버리게 되고, 없어지게 되면 내가 가진 것들이 하나님의 은혜라는 것을 깨닫게 된다 라는 것입니다. 깨닫는 것에서 끝나는 것이 아니라 한 단계 더 나아가 하나님께서 나에게 다시 회복을 주신다면 건강을 회복케 하시고, 예배할 수 있는 기회를 회복케 하시고, 잃어버린 것들을 다시 허락해 주신다면 우리는 이전보다 더욱 귀하게 주어진 것들로 하나님께 영광을 돌리며 사용할 수 있게 되는 것입니다. 하루하루가 완전히 다른 삶을 살아가게 되는 것입니다. 하나님께서 우리에게 회복을 주시는 이유는 하나님의 은혜를 깨닫고, 과거의 삶이 아닌 새로운 삶을 살아가도록 회복을 주시는 것입니다.

우리는 예수님을 믿음으로 거듭난 삶을 살아가는 사람들입니다. 거듭난 삶이라는 것은 다시 말해 덤으로 사는 인생입니다. 은혜로 사는 삶입니다. 이것은 이전의 삶과 똑같이 살아가는 것이 아닙니다. 회복되었으니 다시 죄를 짓고, 회복되었으니 다시 세상에서의 삶을 살아가는 것이 아니라 회복된 우리는 새로운 삶을 살아가는 것입니다. 하나님의 영광을 위해 살아가는 삶을 살게 된 것입니다. 이것이 예수그리스도의 은혜로 다시 살게 하시고 회복케 하신 하나님의 은혜입니다.

하나님께서는 욥의 곤경을 돌이키셨습니다. 그리고 그에게 새로운 축복을 허락해 주셨습니다. 이전의 모든 소유보다 갑절이나 주셨다고 말씀하고 있습니다. 이것은 욥이 이전보다 두 배의 축복을 받아서, 두 배나 부유하게 살았다는 것을 의미하는 게 아닙니다. 고난을 통해 모든 것을 다 잃어버렸던 욥에게 하나님이 회복을 주셨습니다. 이제 욥의 하루는 지난날의 하루와는 완전히 다릅니다. 이제 욥이 가진 소유는 지난날 하나님께 드렸던 헌신과는 완전히 다른 것입니다. 이제는 모든 것을 하나님을 위해 드리고 살아도 아깝지 않은 그러한 은혜를 깨닫게 된 것입니다.

하나님이 건강을 회복하게 하셨다면 지난날보다 더욱 열심히 주님을 위해 일해야 합니다. 하나님이 경제적 어려움에서 회복하게 하셨다면 이전보다 더욱 물질을 귀하게 여기고 하나님의 쓰임에 합당하도록 사용해야 합니다. 하나님이 우리 가정을 어려움에서 회복하게 하셨다면 이제 우리 가정은 하나님이 주인이 되시는 가정이 되어야 합니다. 이것이 바로 고난 후에 회복하게 하시는 하나님의 축복임을 믿으시기 바랍니다.

두 번째, 위로의 축복입니다.

11절 말씀입니다.

"이에 그의 모든 형제와 자매와 이전에 알던 이들이 다 와서 그의 집에서 그와 함께 음식을 먹고 여호와께서 그에게 내리신 모든 재앙에 관하여 그를 위하여 슬퍼하며 위로하고 각각 케쉬타 하나씩과 금 고리 하나씩을 주었더라" (욥 42:11)

욥이 고난을 당할 때 그의 주변에는 아무도 없었습니다. 그런데 이제는 욥의 모든 형제와 자매들, 그를 알았던 이들이 다 욥에게 찾아와서 그를 위로하고 있습니다. 그러면 이런 질문을 할 수 있겠지요? 욥이 고난 당할 때 이들은 어디에 있었을까? 왜 그들은 욥이 고난 당할 때는 보이지 않다가 그의 고난이 끝나고 하나님이 복을 주시니 그를 찾아왔을까 생각할 수 있습니다.

그런데 우리는 여기서 하나님의 뜻을 살펴봐야 합니다. 하나님은 욥에게 단지 육신의 고난, 환경의 고난만을 주신 것이 아니라 그의 모든 관계를 끊으시고 홀로 견디고 싸우는 고난으로 몰아가셨다라는 것입니다. 고난을 만날 때 하나님은 때로 우리를 외로운 고난으로 몰아가시기도 합니다. 다윗이 사울을 피해 도망 다닐 때 다윗 주변에는 아무도 없었습니다. 그의 아버지 이새도, 그의 형들도, 심지어 그에게 기름 부은 사무엘 선지자도 그와 함께 하지 않았습니다. 왜 그렇습니까? 하나님은 다윗이 홀로 고난의 시간을 견디고 싸우게 하셨습니다. 홀로 광야에서 밤을 헤매고, 홀로 굴속에 들어가고, 홀로 시냇가에 물을 마시러 가게 만든 것은 하나님만 의지하도록 하신 것입니다.

예수님도 겟세마네 동산에서 기도하실 때 홀로 기도하셨습니다. 주님과 함께 올라간 제자들은 다 깊은 잠에 빠져버렸습니다. 홀로 기도하신 예수님께서 제자들을 깨우셨지만 그들은 주님과 함께 기도하지 않았습니다. 그리고 주님은 홀로 십자가를 지고 골고다 언덕에 올라가셨습니다. 고난은 외로운 것입니다. 혼자만의 싸움이 될 수 있습니다.

그리고 하나님이 주시는 고난에는 사람의 말이 위로가 될 수 없습니다. 욥에게도 친구들이 찾아왔지만 그 누구도 욥의 마음을 이해해 주지 못했습니다. 홀로 지금 고난을 받고 있습니까? 아무도 나를 위로해 주지 않습니까? 그래도 낙심하거나 불평하지 마시기 바랍니다. 때로는 가장 가까이에 있는 가족들도 나의 고통을 알아주지 못할 때가 있습니다. 그때 기억해야 할 것은 외로움도 하나님이 나에게 주시는 고난의 한 부분이라는 것입니다. 고난 중에 하나님은 우리를 외롭게 하십니다. 왜냐하면 외로워야 하나님만 의지하기 때문입니다. 하나님께 더 집중할 수 있기 때문입니다.

이러한 욥의 고난이 끝나게 되었을 때 하나님은 어떻게 하셨습니까? 그동안 외면하고 있던 주위의 모든 이들이 다시 욥에게 모이게 하셨고, 그들로 하여금 위로를 얻게 하셨습니다. 그들이 욥을 위로하는 것이 아니지요. 누가 위로하고 계신 것입니까? 하나님이 욥을 위로하고 계신 것이고 하나님께서 형제들을 통해서 욥의 마음을 위로하고 헤아려 주셨습니다.

11절에 보면 "각각 케쉬타 하나씩과 금 고리 하나씩을 주었더라"고 말씀합니다. '케쉬타'라는 것은 당시의 화폐를 말하고 있습니다. 영어로는 'a piece of money' 라고 말합니다. 그리고 금 고리를 주었습니다. 이것은 화폐의 가치와 금의 가치를 말하는 것이 아닙니다. 고난을 홀로 견디며 이겨낸 욥에게 하나님은 사람의 선물을 통해서 그의 마음을 위로하고 헤아려 주셨다는 것입니다.

목회를 하다 보면 외로운 싸움을 할 때가 있습니다. 누구에게 말도 못하고, 혼자 기도하고, 혼자 하나님께 도와달라고 애를 쓸 때가 있습니다. 그때는 아무도 저를 위로해 주지 않고, 위로해 줄 수도 없습니다. 혼자만의 싸움입니다. 그리고 하나님은 제가 홀로 하나님 앞에 서기를 원하실 때도 있습니다. 그러면 하나님께서 제 마음에 평안을 주시고, 성도님들 헌신과 위로의 말을 통해 저의 마음을 위로하고 헤아리시는 하나님의 은혜를 깨닫게 하십니다. 성도님들을 통하여 나를 위로하시는 하나님의 사랑이라는 것을 깨닫게 되는 것입니다.

이것이 바로 고난 후에 위로하시는 하나님의 축복입니다. 하나님은 기도 중에 직접 우리의 심령을 위로하실 때도 있지만 때로는 사람을 통해, 가족들을 통해서, 교회 안에서 함께 기도하는 형제자매들을 통해서 우리의 마음을 위로하실 때가 있습니다. 이 모든 것이 다 우리를 위로하시고 헤아려주시는 하나님의 은혜이고 축복입니다. 고난 후에 주시는 위로의 축복이 임하기를 바랍니다.

세 번째, 처음보다 더 큰 축복입니다.

12절 말씀입니다.

"여호와께서 욥의 말년에 욥에게 처음보다 더 복을 주시니 그가 양만 사천과 낙타 육천과 소 천 겨리와 암나귀 천을 두었고" (욥 42:12)

고난 후에 욥에게 주신 복은 처음보다 더 큰 복을 주셨습니다. 욥이 고난 받기 이전과 고난 받은 이후에 복을 비교해보면 차이는 그의 모든 소유가 두 배가 된 것 외에 다른 것에는 차이가 없습니다.

욥기 1장 2절에 보면

"그에게 아들 일곱과 딸 셋이 태어나니라"

본문 13절에 보면

"또 아들 일곱과 딸 셋을 두었으며" (욥 42:13)

자녀의 숫자는 변한 것이 없습니다. 그리고 그가 고난 이후에 영원히 산 것이 아닙니다.

본문 17절에 보면

"욥이 늙어 나이가 차서 죽었더라" (욥 42:17)

그는 그에게 주어진 수명만큼 살다가 죽었다고 성경은 말하고 있습니다. 그렇다면 욥이 받은 축복은 이전보다 두 배의 소유를 더 갖게 된 것 뿐일까요? 아닙니다.

욥은 세 배의 소유를 가지게 되었고 두 배의 자녀들을 얻었습니다. 이렇게 계산해 보시기 바랍니다. 성민이가 설날에 할머니, 할아버지에게 세뱃돈을 2만 원을 받았습니다. 그런데 세배하고 돌아서는데 엄마가 세뱃돈은 엄마가 보관할테니 내놓으라고. 그래서 2만 원을 빼앗긴 성민이가 울먹입니다. 엄마한테 다 빼앗겼다고. 그러자 그 모습을 보던 할머니가 측은한 마음에 성민이에게 2만 원을 더 줬습니다. 그렇다면 성민이는 할머니로부터 2만 원을 받은 것입니까? 아니면 4만 원을 받은 것입니까? 성민이 손에는 2만 원이 쥐여있지만, 할머니로는 4만 원을 받은 것입니다.

욥은 하나님으로부터 이미 축복을 받은 사람이었습니다. 그러나 모든 것을 다 잃어버리는 고난을 당하게 됩니다. 하지만 하나님은 그의 마지막에 그가 지금까지 받았던 축복의 그 이상의 복을 베풀어주심으로 잃어버렸던 자녀들을 다시 찾게 하셨고, 잃어버렸던 소유는 갑절이나 베풀어 주셨습니다. 욥은 하나님으로부터 10명의 자녀가 아니라 20명의 자녀의 축복을 받은 것이고 그의 소유는 두 배가 아니라 이전의 갑절인 세 배의 축복을 받은 것입니다.

이것은 우리에게 고난을 통하여 하나님의 축복이 무엇인지를 깨닫게 하시고, 고난 이후에도 하나님은 계속해서 우리에게 복을 내려주신다는 것을 의미합니다. 욥의 인생에 고난은 아픔의 시간이었습니다. 모든 것을 다 잃어버리는 순간이었습니다. 그러나 욥은 깨달았습니다. 고난이 온다 할지라도 하나님의 축복은 끊어지지 않았다는 것입니다.

욥기 1장 21절에 그는 고백했습니다.

"이르되 내가 모태에서 알몸으로 나왔사온즉 또한 알몸이 그리로 돌아가올지라 주신 이도 여호와시요 거두신 이도 여호와시오니 여호와의 이름이 찬송을 받으실지니이다 하고"

이 고백이 그의 삶 가운데 이루어졌습니다. 고난은 우리를 상실하게 만듭니다. 때로는 우리가 사랑하는 것들, 믿고 의지했던 것들을 빼앗아 가기도 합니다. 그러나 분명한 것은 하나님의 축복은 끊어지지 않는다는 것입니다. 하나님의 은혜와 축복은 하루하루가 가면 갈수록 더욱 처음보다 더 큰 축복이 됩니다. 우리는 어제보다 오늘 더 큰 축복을 받은 사람들이고,

작년보다 올해 더 큰 은혜와 축복을 받는 사람들임을 기억하시기 바랍니다. 왜냐하면 하나님의 축복과 은혜는 소멸되는 것이 아니라 축척되는 것이기 때문입니다.

　세상 사람들은 자신들의 손에 움켜쥐고 있는 것을 축복이라고 말합니다. 그러나 하나님의 사람들은 지금까지 하나님이 나에게 주신 것을 축복이라고 말합니다. 그리고 오늘도 하나님의 은혜로 살아가는 삶, 하나님이 나에게 주시는 축복의 삶을 고백합니다. 욥의 인생의 마지막까지, 그의 생애가 끝나는 순간까지 하나님은 그에게 날마다 복을 주셨습니다. 이것이 고난 후에 주시는 하나님의 축복입니다. 오늘 우리의 삶에 어떤 고난이 있든지 처음보다 더 큰 축복을 베푸시는 하나님을 의지하며 믿음으로 승리하기 바랍니다.

　말씀을 맺겠습니다. 고난을 당하는 자에게는 그 어떤 말도 위로가 될 수 없습니다. 왜냐하면 고난은 절대적인 것이 아니라 상대적이기 때문입니다. 사람에게 작은 고난, 큰 고난이 어디에 있습니까? 모든 고난은 고통스러운 것이고, 피하고 싶은 것입니다. 욥의 인생은 고난의 인생이었습니다. 그러나 그에게도 회복의 때는 찾아왔습니다. 욥기는 고난으로 시작하였지만 끝은 축복으로 끝나게 됩니다. 그래서 욥기서는 고난의 책이 아니라 지혜의 책입니다. 어떤 지혜입니까? 고난 중에서도 하나님의 축복을 받을 수 있다는 지혜를 우리에게 알려주고 있습니다.

고난 후에는 반드시 하나님의 회복이 있음을 믿으시기 바랍니다. 회복하시는 하나님은 우리의 마음을 헤아려주시고 위로하시는 분이십니다. 그리고 이전보다 더 큰 축복으로 채워주십니다. 그래서 우리에게는 하루하루 매일매일이 축복의 삶인 것입니다.

고린도전서 10장 13절은 말씀합니다.

"사람이 감당할 시험 밖에는 너희가 당한 것이 없나니 오직 하나님은 미쁘사 너희가 감당하지 못할 시험 당함을 허락하지 아니하시고 시험 당할 즈음에 또한 피할 길을 내사 너희로 능히 감당하게 하시느니라"

하나님은 반드시 고난도 축복으로 응답해 주십니다. 이 믿음으로 어떠한 고난을 당한다 할지라도 믿음으로 이겨내고 축복으로 변화시키는 성도가 되시기를 바랍니다.

7. 채움의 축복

_The Blessing of Filling

열왕기하 4:1-7

선지자의 제자들의 아내 중의 한 여인이 엘리사에게 부르짖어 이르되 당신의 종 나의 남편이 이미 죽었는데 당신의 종이 여호와를 경외한 줄은 당신이 아시는 바니이다 이제 빚 준 사람이 와서 나의 두 아이를 데려가 그의 종을 삼고자 하나이다 하니 엘리사가 그에게 이르되 내가 너를 위하여 어떻게 하랴 네 집에 무엇이 있는지 내게 말하라 그가 이르되 계집종의 집에 기름 한 그릇 외에는 아무것도 없나이다 하니 이르되 너는 밖에 나가서 모든 이웃에게 그릇을 빌리라 빈 그릇을 빌리되 조금 빌리지 말고 너는 네 두 아들과 함께 들어가서 문을 닫고 그 모든 그릇에 기름을 부어서 차는 대로 옮겨 놓으라 하니라 여인이 물러가서 그의 두 아들과 함께 문을 닫은 후에 그들은 그릇을 그에게로 가져오고 그는 부었더니 그릇에 다 찬지라 여인이 아들에게 이르되 또 그릇을 내게로 가져오라 하니 아들이 이르되 다른 그릇이 없나이다 하니 기름이 곧 그쳤더라 그 여인이 하나님의 사람에게 나아가서 말하니 그가 이르되 너는 가서 기름을 팔아 빚을 갚고 남은 것으로 너와 네 두 아들이 생활하라 하였더라 세상에서 가장 맛있는 식사는 무엇일까요? 고급식당에서 최고의 식재료로 만든 음식일까요? 아닙니다. 굶주린 사람이 배고플 때 먹는 식사가 가장 맛있는 식사입니다. 그래서 시장이 반찬이다 라고 말하지 않습니까? 밥투정하는 아이들은 하루만 굶겨도 김치 하나만 있어도 밥 잘 먹습니다. 일주일 금식하면 치약도 맛있어 보인다고 합니다. 그래서 먹은 것도 없는데 치약 맛이 좋아서 양치질을 자주 합니다. 세상에서 가장 달콤한 잠은 어떤 잠입니까? 최고급 호텔, 최고급 침대에서 자는 것일까요? 아닙니다. 가장 달콤한 잠은 며칠 밤을 새고 일한 사람이 피곤한 몸을 이끌고 이불 위에 누웠을 때 드는 잠입니다. 세상에서 가장 시원한 물은 어떤 물입니까? 알프스 산자락에서 빙하가 녹아서 흘러내리는 천연 생수가 아니라 뜨거운 여름철 열심히 밭에서 일하다가 흐르는 땀을 닦으면서 주전자 담아놓은 생수 한 사발 들이킬 때 그 물이 세상에서 가장 시원한 물입니다.

　이 세 가지의 공통점이 무엇일까요? 그 안에 갈급함과 간절함이 담겨져 있다는 것입니다. 이는 다른 것과 비교할 수 없는 최고의 만족과 기쁨을 얻는 방법입니다. 그렇다면 가장 은혜로운 예배는 어떤 예배입니까? 화려한 장소와 무대가 은혜로운 예배를 만들어내는 것이 아니라 간절함으로 사모하는 예배, 은혜받을 준비를 하고 드리는 그 예배가 가장 은혜로운 예배가 되는 것입니다. 은혜를 받기 위해서는 무엇을 준비해야 할까요? 은혜를 받을 그릇이 준비되어 있어야 합니다. 받을 은혜에 대한 간절함 크고 깊을수록 하나님께서는 우리에게 풍성한 은혜를 채워 주십니다.

본문에는 인생의 궁핍한 가운데에서 채움의 축복을 경험한 한 여인의 이야기가 나오고 있습니다. 본문의 말씀을 통하여 빈 그릇과 같은 심령, 비어있는 그릇과 같은 삶을 가지고 나올 때 풍성하게 채워 주시는 하나님의 채움의 축복을 경험하시기 바랍니다.

한 여인이 울면서 엘리사를 찾아와서 부르짖기 시작합니다. 이 여인은 남편을 여읜 지 얼마 되지 않는 과부였습니다. 그녀의 남편은 선지자의 제자들 중 한 명으로 오늘날의 신학교에서 신학을 공부하는 신학생과 같이 하나님 앞에 신실하게 쓰임 받고자 교육받고 준비되던 사람이었습니다. 그런데 갑자기 병에 걸린 것인지, 불의의 사고를 당한 것인지 사랑하는 아내와 두 아들을 두고 세상을 떠나고 말았던 것입니다. 오늘날도 싱글맘으로 살아가는 것이 결코 쉽지 않은데, 당시에 남편

없는 여인이 어떻게 혼자 두 명의 자녀를 기르며 살아갈 수 있었겠습니까? 그래도 어떻게든 살아야 했기에 이 여인은 이 사람 저 사람에게 돈을 빌리며 생계를 유지하고 살아가게 됩니다. 그런데 돈도 갚아야 계속 빌려주는 것인데 갚지도 못할 돈을 빌리고만 있으니 빚은 점점 쌓이게 되고 이제는 감당할 수 없을 만큼 불어나게 됩니다. 결국 그 빚을 빌려 준 사람이 여인을 찾아와서 두 자식을 데려다가 종으로 삼아 버리겠다고 협박을 하게 됩니다. 의지하고 살던 남편이 세상을 떠났습니다. 남은 두 자식만 의지하고 살던 이 여인이 자식들마저 종으로 팔려 갈 신세가 되었습니다. 하나님이 살아계신다면 무심도 하시지 어떻게 우리를 이렇게 내버려 둘 수 있냐고 여인은 울면서 마지막으로 엘리사에게 와서 살려달라고 부르짖고 있는 것입니다.

이러한 여인의 하소연을 들은 엘리사가 오늘 본문 2절에 이렇게 물어봅니다.

"엘리사가 그에게 이르되 내가 너를 위하여 어떻게 하랴 네 집에 무엇이 있는지 내게 말하라 그가 이르되 계집 종의 집에 기름 한 그릇 외에는 아무것도 없나이다 하니" (왕하 4:2)

우리는 여기서 채움의 축복을 받기 위한 첫 번째 해답을 만나게 됩니다.

첫 번째, 네 집에 무엇이 있느냐?

도움을 청하러 온 여인에게 엘리사는 질문합니다. '네 집에 무엇이 있는지 내게 말하라' 질문이 뭔가 이상하지 않습니까? 무엇이 있는지 물어볼 것이 아니라 무엇이 필요한지를 물어봐야 하는 것 아닙니까? 만약에 누군가에 도와달라고 청할 때 도움을 주는 사람은 여러분에게 어떻게 물어보겠습니까? '그래서 얼마가 필요한데?' '그래서 뭐가 필요하다는 것인데?' 무엇을 도와줘야 할지 필요한 것을 물어보는 게 당연한 겁니다. 그런데 엘리사는 반대로 물어봅니다. 여인이 필요한 것에는 관심이 없고 지금 가지고 있는 것이 무엇인지를 말하라고 합니다. 왜 그렇습니까? 사람의 눈으로 볼 때는 아무것도 없는 것 같은 절망의 순간에도 하나님은 그 안에서 역사하시는 가능성을 찾고자 하시는 것입니다.

출애굽기 4장에 보면, 하나님께서 모세를 불러서 이스라엘 백성을 애굽에서부터 해방시키라고 명령하십니다.

1절에 모세가 말합니다.

"모세가 대답하여 이르되 그러나 그들이 나를 믿지 아니하며 내 말을 듣지 아니하고 이르기를 여호와께서 네게 나타나지 아니하셨다 하리이다" (출 4:1)

자신은 자격이 없는 사람이라고 변명하는 모세에게 2절에 하나님은 물으십니다.

"여호와께서 그에게 이르시되 네 손에 있는 것이 무엇이냐 그가 이르되 지팡이니이다" (출 4:2)

하나님은 모세에게 손에 가지고 있는 것이 무엇이냐고 물어보십니다. 하나님은 무능력한 모세에게 능력을 주신다고 말씀하지 않으시고 능력 없는 자에게 지금 손에 가진 것이 무엇이 있냐고 물어보셨습니다. 마른 지팡이 하나로 이스라엘 백성을 이끌 수 있습니까? 없습니다. 지팡이는 아무런 능력이 없습니다. 그런데 하나님은 모세의 손에 들려진 그 지팡이로 홍해를 가르고, 광야에 샘물이 터지게 하시고, 40년간 이스라엘 백성들을 가나안으로 이끌어가게 하셨습니다.

다윗의 이야기를 봅시다. 다윗이 골리앗과 싸울 때 무엇으로 싸웠습니까?

사무엘상 17장 40절에 보면

"손에 막대기를 가지고 시내에서 매끄러운 돌 다섯을 골라서 자기 목자의 제구 곧 주머니에 넣고 손에 물매를 가지고 블레셋 사람에게로 나아가니라"

돌멩이로 어떻게 3미터 가까이 되는 구척장신 골리앗과 싸울 수 있습니까? 돌멩이에는 능력이 없지만 하나님이 함께 하시니 다섯 개 돌을 다 쓸 필요도 없이 단 한 개로 골리앗과 싸움에서 승리할 수 있었습니다.

채움의 축복의 시작은 지금 나의 손에 무엇을 가지고 있는가, 내 집에 무엇을 갖고 있는가에서부터 시작됩니다. 이 여인의 집에 아무것도 없는 것 같았는데 가만히 생각해 보니 기름 한 병이 남아 있었습니다. 그런데 기름 한 병으로 무엇을 할 수 있을까요? 기름으로 빚을 갚을 수 있었다면 진작에 그 기름 팔아서 빚을 갚았겠지요. 기름 한 병으로는 아무것도 할 수 없지만, 그 기름이 이 가정에 놀라운 채움의 축복의 통로가 되었습니다.

우리 삶의 기름 한 병은 무엇입니까? 손에 들고 있는 마른 막대기는 무엇입니까? 아무것도 없는 줄 알았는데 나에게 기도할 수 있는 힘이 있습니까? 그러면 그 기도가 내 삶을 채워지게 하는 기름 한 병이 되는 것입니다. 아무것도 없는 줄 알았는데 하나님을 섬길 수 있는 힘과 은사가 있습니까? 그 헌신과 수고가 내 삶을 채워지게 하는 기름 한 병이 되는 것입니다. 아무것도 없는 줄 알았는데 하나님을 예배하기 위해서 하나님 전에 나왔습니까? 예배하는 이 시간이 여러분의 삶을 변화시키고 채워지게 하는 기름 한 병이 되는 것입니다.

하나님은 우리의 모든 삶의 필요를 다 알고 계십니다. 그래서 하나님은 뭐가 필요하냐고 물어보시는 것이 아니라 무엇을 가지고 채움 받고자 하느냐를 물어보고 계신 것입니다. 여인의 기름 한 병은 여인의 삶을 바꿀 수 있는 힘이 없었지만 그 한 병의 기름이 있다는 고백을 통해 여인은 놀라운 채움을 경험하게 됩니다.

두 번째, 빈 그릇을 빌리라.

3절에 말씀합니다.

"이르되 너는 밖에 나가서 모든 이웃에게 그릇을 빌리라 빈 그릇을 빌리되 조금 빌리지 말고" (왕하 4:3)

기름 한 병밖에 없다고 말한 이 여인에게 엘리사는 말합니다. 밖에 나가서 빈 그릇을 빌려오라고 말하는데 한 두 병만 빌려오는 것이 아니라 모든 이웃에게 빈 그릇을 빌리라고 명령합니다. 한 번 생각해 보십시오. 가난한 여인의 집에 필요한 것은 가득 차있는 그릇이지 빈 그릇이 아닙니다. 차라리 나가서 기름을 빌려오라고 하면 이해가 됩니다. 엘리사가 내가 기름값을 다 갚아줄테니 이웃에 있는 기름을 빌려오라고 하면 이해가 됩니다. 그런데 기름이 아니라 빈 그릇을 빌려서 온 집안을 채우라고 명령하고 있는 것입니다. 무엇을 의미합니까? 채움 받기 위해서 필요한 것은 빈 그릇이라는 것입니다. 기름 떨어질 걱정하지 말고 그릇이 부족할 것을 걱정하라는 것입니다.

예전에 미국에서 기름값이 많이 떨어졌을 때가 있었습니다. 우리나라는 리터로 계산하고 미국은 겔론으로 계산하는데 1

갤론이 약 1불 30센트, 우리나라 돈으로 1500원이 안 될 때가 있었습니다. 1갤론이면 3.7리터입니다. 그러면 1리터에 500원이 안 될 때입니다. 만약에 집 앞에 주유소에 휘발유 기름값이 리터당 500원이 안 된다면 어떻게 하시겠습니까? 당장에 드럼통이나 기름통을 사다가 채워놓지 않겠습니까? 당시에 사람들이 기름값이 너무 싸서 집집마다 기름을 모아두기 시작했습니다. 드럼통을 구입해서 기름을 채워 넣고 어떤 사람은 기름탱크를 사다가 집에 채워 넣었습니다. 저도 기름통을 두 통정도 사다가 채워놓았습니다. 10갤론이 들어가는 기름통에 기름을 채웠는데 기름값은 15불인데, 기름통은 20불이 넘었습니다. 기름보다 통이 더 비쌌습니다. 기름이 넘쳐나니 기름 떨어지는 게 걱정이 아니라 기름을 어떻게 채워 넣느냐가 고민이 되었던 것이지요.

더 쉬운 예를 들어볼까요? 여러분 결혼식이나 모처럼 외식하러 뷔페에 가서 음식 떨어질 거 걱정하십니까? 있는 음식 다 못 먹을 거 걱정하십니까? 제가 지금까지 뷔페에서 음식 떨어지는거 걱정하는 분 못 봤습니다. 반대로 나 아직 저거는 못 먹어봤는데, 아직 초밥 못 먹어 봤는데, 아직 갈비찜 못 먹었는데 벌써 배가 부르다고, 더 못 먹어서 배부른 것 걱정하시는 분들은 많이 봤습니다.

우리는 기름이 떨어질 것을 걱정합니다. 그런데 기름은 떨어지지 않습니다. 문제는 그 기름을 받을 그릇이 부족할 것을 걱정해야 한다는 것입니다. 하나님의 은혜는 부족하지 않습니다. 하나님이 베풀어주시는 축복은 모자라지 않습니다. 문제는 그 풍성한 은혜를 받을만한 그릇이 우리에게 너무나 부족하고 하나님의 은혜로 채워야 하는데 다른 것으로 채워있어서 비어있지 않는 것이 문제입니다. 하나님의 은혜가 아무리 우리에게 부어진다 하더라도 내가 받을 수 있는 빈 그릇이 준비되어 있지 않는다면 우리는 그 넘치는 은혜를 받을 수가 없습니다. 우리가 준비해야 하는 것은 바로 빈 그릇입니다. 비어있는 심령을 준비해야 하고, 갈급한 심령이 날마다 준비되어 있어야 합니다.

누가복음 5장에 보면, 밤새 고기를 낚았지만 한 마리도 잡지 못했던 베드로에게 예수님께서는 깊은 곳에 가서 그물을 내리라고 명령을 하십니다. 만약에 전날 밤에 베드로가 고기를 충분히 잡았더라면 예수님이 깊은 데로 가서 그물을 내리라는 이 명령에 순종하지 않았을 것입니다. 왜냐하면 이미 그의 그물에는 전날에 잡은 물고기가 있었기 때문입니다. 그러나 베드로는 빈 그물을 가지고 배를 올라탑니다. 그리고 예수님의 말씀에 순종해서 그물을 내리니 어떻게 되었습니까?

누가복음 5장 6절에 보면

"그렇게 하니 고기를 잡은 것이 심히 많아 그물이 찢어지느니라"

사람들은 바다에 물고기가 있나 없나를 걱정하지만 예수님은 물고기 걱정은 하지 말라는 것입니다. 물고기는 바다에 충분하니 빈 그물을 가지고 바다로 나가라고 명령하시는 것입니다.

채움의 축복을 바라보는 우리의 관점이 바뀌어야 합니다. 하나님은 오늘도 우리가 감당하지 못할 만큼의 은혜를 베풀어주심을 믿으시기 바랍니다. 그렇다면 우리는 그 은혜를 받을 그릇이 준비되어 있습니까? 하나님이 주시려고 하는데 내 마음에 빈 그릇은 몇 개 없고 다들 조금씩 뭐가 차 있습니다. 마치 냉장고 속에 반찬 그릇은 많은데 그중에 먹을 반찬은 없이 묵은 것들로 그냥 채워두고 있는 것 같지는 않습니까? 하나님의 은혜와 축복을 날마다 새롭게 받아 채워야 한다고 우리의 마음은 구하고는 있지만 열어보면 빈 그릇은 없이 온갖 세상의 것들로 가득 차 있다면 그것부터 정리해야 합니다.

엘리야는 온 이웃에 있는 모든 빈 그릇을 싹 쓸어 와서라도 집안을 빈 그릇을 채우라고 합니다. 왜냐하면 이제 넘치게 채우시는 하나님의 기름이 부어질 것이기 때문입니다. 빈 그릇 준비하시기 바랍니다. 날마다 채우시는 하나님의 은혜를 담을 그릇을 준비하세요. 다른 것을 담지 마세요. 세상의 만족과 나의 욕심과 나의 자랑을 담지 말고 오직 하나님의 은혜로 채우기를 바랍니다.

찬양곡 '우물가의 여인처럼'의 가사입니다.

> 우물가의 여인처럼 난 구했네
> 헛되고 헛된 것들을
> 그때 주님 하신 말씀
> 내 샘에 와 생수를 마셔라
> 오 주님 채우소서
> 나의 잔을 높이 듭니다
> 하늘 양식 내게 채워주소서
> 넘치도록 채워주소서

갈급한 심령으로 하나님의 은혜와 축복을 구할 때 풍성하신 그 은혜로 채움 받는 축복을 얻을 줄 믿습니다.

세 번째, 그릇에 기름을 부으라.

4절 말씀입니다.

"너는 네 두 아들과 함께 들어가서 문을 닫고 그 모든 그릇에 기름을 부어서 차는 대로 옮겨 놓으라 하니라" (왕하 4:4)

엘리사는 마지막으로 여인에게 말합니다. 아들들과 함께 방 안에 들어가서 문을 닫고, 아까 집에 있었던 기름 한 병을 가지고, 빌려온 모든 빈 그릇에 기름을 부으라고 명령합니다. 여인이 기름병을 여니 온 집안에 고소한 기름 냄새가 퍼져나가기 시작합니다. 그리고 기름병을 기울여서 빈 그릇에 기름을 붓기 시작합니다. 이 여인의 전 재산은 이 기름 하나뿐입니다. 혹시나 한 방울이라도 바닥에 떨어질까봐 조심조심해서 붓기 시작하는데 놀라운 일이 벌어졌습니다. 분명히 이쪽에서 저쪽으로 기름을 부으면 한쪽이 모자라야 하는데 원래의 기름은 그대로 남아 있고 새로운 그릇에 기름을 가득 차기 시작하는 것입니다. 두 번째 빈 그릇에 기름을 붓기 시작하는데 이번에는 아까 그릇보다 훨씬 더 큰 그릇입니다. 그 큰 항아리에다가 기름을 붓기 시작하는데 큰 항아리에도 기름이 가득 차게 되었습니다.

이 기름은 싸구려 식용유가 아니라 100% 오리지널 올리브 기름입니다. 맷돌로 열매를 갈아서 그걸 다시 짜서 만들어내는 올리브유입니다. 당시에는 기름이 돈의 역할도 했었기에 먹는 것도 아까워서 아주 중요할 때 조금씩 팔아서 쓰는 그런 기름인데 지금 큰 항아리 안에 넘쳐나기 시작한 것입니다. 빈 그릇에 부으면 붓는 대로 차기 시작하는데 온 집안이 기름 냄새로 가득합니다.

맨 처음에는 한 방울이라도 땅에 떨어질까봐 조심스럽게 붓던 기름이 지금은 온 집안 바닥에 흘러있고, 고소한 기름 냄새가 넘쳐납니다. 기름이 담긴 그릇이 열 그릇이 되고, 스무 그릇이 되면서 온 동네에서 모아온 빈 그릇에 기름이 가득 차기 시작하는데 신이 난 이 여인이 한참 기름을 붓다 보니 더 이상 빈 그릇이 안 보입니다. 아들을 불러 말합니다. 얼른 집안을 돌아다니면서 혹시 남은 빈 그릇이 있으면 더 가져오라고 말합니다. 더 이상 빈 그릇이 없다고 말하니 그때 기름이 멈추었습니다.

7절에 말씀합니다.

"그 여인이 하나님의 사람에게 나아가서 말하니 그가 이르되 너는 가서 기름을 팔아 빚을 갚고 남은 것으로 너와 네 두 아들이 생활하라 하였더라" (왕하 4:7)

채움의 축복이 이 가정에 임하게 되었습니다. 그 채움이 가정의 문제를 해결하였고, 문제를 해결한 것 뿐만 아니라 그 채움으로 살아가는 가정이 되었습니다. 하나님이 나에게 허락하신 기름 한 병의 소망을 가지고 빈 그릇과 같이 간절한 심령으로 주님 앞에 나아가면 하나님께서는 우리의 삶에 마르지 않는 기름병과 같이 채워 주시는 놀라운 역사를 일으키심을 믿으시기 바랍니다. 예수님께서 오천 명을 먹이시는 기적을 행하실 때 오천 명분의 음식이 필요한 것이 아니었습니다. 한 어린아이의 도시락이었던 물고기 두 마리와 보리떡 다섯 개로 오천 명, 팔천 명이 넘는 사람들을 배불리 먹이시고 열두 광주리가 남아 싸가게 하시는 채움의 축복을 베풀어 주셨음을 믿으시기 바랍니다.

사람의 눈으로 볼 때는 내가 가진 기름 한 병이 아무것도 아닌 것 같아 보입니다. 기름 한 병으로 무엇을 할 수 있겠냐고, 보리떡 다섯 개와 물고기 두 마리 가져와서 누구 코에 붙이겠냐고 말합니다. 그러나 그것을 가지고 하나님 앞에 순종할 때, 작은 믿음과 소망을 가지고 하나님을 의지하며 기도할 때 응답은 일어납니다. 나에게 주신 사명, 나에게 주신 힘을 가지고 하나님께 채워달라고 간구하며 나아가면 그것이 축복의 통로가 되어서 차고 넘치는 풍성한 은혜로 채워 주실 줄 믿습니다. 이 놀라운 채움의 축복을 받는 성도가 되기 바랍니다.

말씀을 맺겠습니다. 아무것도 없는 것 같은 절망적인 여인의 삶에 남아 있던 것은 기름 한 병과 빈 그릇들 뿐이었습니다. 그러나 그것을 통하여 하나님은 놀라운 채움의 축복을 베풀어 주셨습니다.

문제는 많은 사람들이 그 기름조차도 남겨두지 않고 사용해 버리는 것입니다. 삶의 문제와 낙심의 문제를 만나면 그래도 기도하고 인내하며 하나님의 은혜를 사모해야 하는데 기도할 힘마저도 세상의 일과 걱정으로 다 소비해 버려서 한 병의 기름조차 남겨두지 않습니다. 세상일이 아무리 바쁘고 어려운 삶을 살아도 하나님이 나에게 주신 그 사명, 내가 드려야 하는 헌신의 기름 한 병은 하나님께 순종하며 드려야 하는데 그것조차도 바쁘고 힘들다고 다 소비해 버려서 채움의 축복을 얻지 못하는 사람들이 많이 있습니다.

여인에게 기름 한 병은 마지막 남은 소망이면서 전부였습니다. 이처럼 어떤 이에게는 그것이 내 삶의 전부가 될 수 있고, 세상과 타협할 수 없는 하나님께로만 드려야 하는 마지막 헌신과 소망이 될 수 있습니다. 주님께서는 우리에게 무엇이 필요하냐고 묻지 않으시고 무엇을 가지고 순종할 수 있느냐고 물어보십니다. 왜냐하면 주님은 그것을 통하여 역사하시기 때문입니다.

그리고 빈 그릇을 준비해야 합니다. 기름이 부족한 것이 아니라 빈 그릇이 부족한 것입니다. 내 안에 빈 그릇이 준비되어 있지 않다면 채움의 은혜도 부어질 수 없습니다. 기억하세요. 채움의 축복은 빈 그릇의 사이즈에 비례합니다. 빈 그릇이 크면 클수록 채워지는 것은 풍성해지는 것입니다. 날마다 갈급한 심령으로 하나님의 은혜 없이는 살아갈 수 없다는 빈 그릇의 마음으로 은혜를 담는 성도가 되기를 바랍니다.

한 병의 기름을 가지고 빈 그릇을 채우다 보면 하나님께서는 우리의 삶에 놀라운 기적과 역사를 채워 주십니다. 할 수 있는 것이 기도밖에 없었는데 그 기도로 모든 기도의 응답을 이루어 주시고, 할 수 있는 것은 연약한 육신으로 주의 복음 전하고 사명 감당하는 것인데 그것 때문에 모든 필요를 채워 주십니다. 할 수 있는 것은 나에게 주신 물질로 하나님을 위해서 헌신하고 교회를 세우는 것인데 하나님은 그것을 통해 내 삶에 그 이상의 풍성한 축복을 채워 주십니다. 삶의 구석구석마다 빈 곳이 없이 채움의 축복을 받기 바랍니다.

8. 구함의 축복

_The Blessing of Seeking

역대상 4:9-10

야베스는 그의 형제보다 귀중한 자라 그의 어머니가 이름하여 이르되 야베스라 하였으니 이는 내가 수고로이 낳았다 함이었더라 야베스가 이스라엘 하나님께 아뢰어 이르되 주께서 내게 복을 주시려거든 나의 지역을 넓히시고 주의 손으로 나를 도우사 나로 환난을 벗어나 내게 근심이 없게 하옵소서 하였더니 하나님이 그가 구하는 것을 허락하셨더라

긴급하고 위급한 일이 발생되었을 때 누르는 전화번호는 무엇입니까? 119입니다. 그런데 2016년 전까지 우리나라에는 긴급전화번호가 21개였습니다. 간첩신고 111, 사이버테러 118, 해양사고 122, 환경오염 128, 수도고장 121, 전기고장 123 등 입니다. 긴급한 상황에서 번호를 눌러야 하는데 21개나 되어 있었으니 사고를 만나도 어떻게 할 수가 없었던 것입니다. 그런데 2016년에 와서 이 21개의 번호를 119로 통합하게 되었습니다. 전 세계 어느 나라를 가도 긴급전화는 번호가 3개로 된 쉬운 조합으로 만들었습니다. 한국은 119, 미국은 911, 호주 같은 나라는 000입니다. 왜 그럴까요? 긴급한 상황을 만날 때에 전화번호부를 찾고 있을 시간이 어디에 있습니까? 신속하고 정확하게 신고하게 하려는 것입니다.

또 위급한 상황에서 도움을 얻기 위해서는 간단하고 명료하게 상황을 전달해야 합니다. 불이 나면 뭐라고 외쳐야 합니까? 불이야! 도둑이 들면 뭐라고 외쳐야 합니까? 도둑이야! 물에 빠지면 뭐라고 외쳐야 합니까? 사람 살려! 입니다. 거기에 무슨 수식어를 더하고 말을 길게 할 필요가 없는 것입니다. 긴급한 상황에서 도움을 구하기 위해서는 간단하면서도 정확하게 나의 필요와 처한 상황을 알려야 합니다.

그렇다면 우리가 하나님께 기도할 때는 어떻게 기도해야 할까요? 기도에는 여러 가지 기도의 제목과 그에 맞는 여러 가지 방법들이 있습니다. 그러나 가장 중요한 것은 내가 지금 처한 상황이 무엇인지, 하나님께서 나에게 어떻게 역사하시는지 분명하고도 정확한 기도를 하는 것입니다.

예수님께서는 마태복음 6장 7절에 이렇게 말씀하십니다.

"또 기도할 때에 이방인과 같이 중언부언하지 말라 그들은 말을 많이 하여야 들으실 줄 생각하느니라"

'중언부언하지 말라'는 말을 영어로는 'do not heap up empty phrases'라고 하는데 'heap up'이라는 말은 '쌓아 올리다'라는 뜻입니다. 잔뜩 쌓아 올렸는데 그 안은 'empty' 즉 '텅 비어 있다'는 것입니다. 기도하지 말라는 것이 아닙니다. 기도는 하는데 그 속이 비어있는 기도, 하나님께 무엇을 고백하고 있는지, 무엇을 구하는지도 정확하게 말하지 못하는 막연한 기도, 목적 없이 말하는 기도를 하지 말라는 것입니다.

그렇다면 우리는 어떻게 기도해야 하는 것입니까? 하나님의 뜻을 구하는 기도, 나의 처한 상황을 분명하게 하나님께 고백하고, 구체적으로 하나님이 어떻게 나에게 응답하셔야 하는 구체적이면서도 진실된 기도를 해야 한다는 것입니다.

본문의 말씀은 우리가 잘 알고 있는 야베스의 기도문입니다. 본문의 주인공인 야베스는 사실 많은 이들에게는 잘 알려지지 않은 성경 인물입니다. 그런데 2001년에 브루스 윌킨슨이라는 성경학자가 '야베스의 기도 The prayer of Jabez'라는 책을 쓰게 됩니다. 이후 이 책은 기독교 서적 베스트 셀러가 되었습니다. 우리나라 뿐만 아니라 전 세계 수많은 크리스찬들이 이 책을 봤고 야베스라는 인물을 알게 되었고 그의 기도를 따라서 하게 되었습니다. 브루스 윌킨슨은 책에서 오늘 본문 4장 10절에 야베스가 기도한 그 기도문을 우리도 반복적으로 해야 한다고 권유합니다. "주께서 내게 복을 주시려거든 나의 지역을 넓히시고 주의 손으로 나를 도우사 나로 환난을 벗어나 내게 근심이 없게 하옵소서" 그래서 한때 많은 사람들이 주기도문 다음으로 이 기도문을 외우기도 하고 쓰기도 하면서 기도했습니다. 그런데 중요한 것은 이 기도문을 우리가 반복적으로 외우고 쓴다고 응답이 이루어지는 것이 아니라 왜 야베스는 하나님께 이러한 기도를 했고 하나님은 왜 그의 기도를 들어주셨는지 그 이유와 목적을 알아야 합니다.

결론부터 말씀을 드린다면, 야베스의 기도의 주인공은 야베스가 아닙니다. 바로 하나님이십니다. 오늘 우리가 구함의 축복을 얻기 위해서는 무엇을 구하는 우리가 주인공이 아니라 우리의 기도에 응답하시는 하나님이 주인공이 되실 때 하나님께서 우리의 삶에 구하는 모든 것에 응답하실 줄 믿습니다.

첫 번째, 하나님께 간구하라.

10절을 a,b,c 세 부분으로 나눠서 오늘 말씀을 함께 살펴보기를 원합니다.
먼저 10절 a, 처음 부분입니다.

"야베스가 이스라엘 하나님께 아뢰어 이르되…" (대상 4:10)

야베스라는 사람은 어떤 사람이었을까요? 역대상 4장은 이스라엘 12지파의 족보를 기록하고 있는 말씀입니다. 야곱에게는 12명의 아들들이 있었고, 이들이 이스라엘의 12지파가 되었는데 4장 1절부터 10절까지는 야곱의 영적인 장자인 유다의 족보를 말씀하고 있습니다.

1절 말씀에 보면

"유다의 아들들은 베레스와 헤스론과 갈미와 훌과 소발이라" (대상 4:1)

역대상 4장의 주인공은 '유다'입니다. 그런데 1절부터 한참 유다의 자손들의 이름을 말하던 성경은 9절에 갑자기 족보 이야기를 멈추고 야베스라는 인물에 대해 말씀을 하기 시작합니다.

"야베스는 그의 형제보다 귀중한 자라 그의 어머니가 이름하여 이르되 야베스라 하였으니 이는 내가 수고로이 낳았다 함이었더라" (대상 4:9)

앞에서 유다의 족보에 나오는 많은 자손들의 이름은 말 그대로 이름만 호명하면서 지나갔는데 야베스라는 인물은 9절과 10절 두 구절에 걸쳐서 그에 대해 설명하고 있습니다. 마치 이런 것이지요. 새 학기가 되어서 선생님이 반 아이들 출석을 부르는데 김영수, 박철수, 김영희 부르다가 갑자기 고요셉이라고 부르고는 멈춰서 '아 네가 고요셉이구나. 우리 반에 잘 왔다'라고 선생님이 한마디 하면 어떻게 됩니까? 반 아이들이 다 쳐다보지 않겠습니까? 대단한 애가 우리 반에 왔구나, 쟤는 어떤 애길래 선생님이 특별 대우를 하나 라는 생각을 하게 됩니다. 성경은 우리에게 유다의 족보를 쭉 이야기하다가 야베스라는 인물에서 잠시 멈춰서 그에 대하여 우리에게 전하고 있는 것입니다.

그런데 야베스라는 이름부터가 무언가 잘못되었습니다. 야베스라는 이름의 뜻이 무엇이냐면 '수고 중에 낳은 자식, 고통 중에 낳은 자식'이라는 뜻을 가지고 있습니다. 영어로는 'I bore him in pain(고통 중에 낳았다)'라는 것입니다. 세상에 어떤 어머니가 자식을 낳고 고통 중에 낳은 자식, 슬픔 중에 낳은 자식이라고 이름 지을 수 있겠습니까? 두 가지 중 하나겠지요. 자식을 낳을 때에 남편이 일찍 죽고 홀로 외로이 깊은 슬픔 중에 낳은 자식이던가, 산모가 질병이나 혹은 해산의 고통 중에서 이 아이를 포기해야 할지 아니면 낳아야 할지 생사의 기로에서 고통스럽게 낳은 자녀에게 이러한 이름을 붙이지 않겠습니까? 무슨 영문인지 야베스라는 인물은 태어나면서부터 자신의 어머니에게도 기쁨이 되지 못한 채로 태어난 아들이었습니다.

그렇다면 이러한 슬픔이라는 이름을 가진 야베스의 삶은 어떠했겠습니까? 자신의 형제들에게도 비난을 받고 무시를 당하며 살지 않았겠습니까? 그의 이름을 듣는 사람마다 어떻게 이름이 야베스가 되었냐고, 얼마나 부모를 고통스럽게 했길래 그런 이름을 갖고 사냐고 물을 것이고, 그때마다 스스로 열등감과 좌절감에 시달리며 살지 않았겠습니까?

그런데 9절에 야베스는 어떤 사람이라고 성경은 말합니까? "야베스는 그의 형제보다 귀중한 자라"고 말씀하고 있습니다. 누가 그를 귀중한 자라고 말씀하고 있습니까? 하나님께서 그를 귀중한 자라고 불러주시고 계신 것입니다. 그는 고통 중에 태어났고 그의 어머니도 고통으로 낳은 아들, 슬픔으로 낳은 아들이라 불렀던 야베스였지만, 하나님은 그를 그의 형제들보다 귀중한 자라고 불러주고 계십니다. '귀중한 자'라는 말은 원어로는 'דבכ 카바드' 영어로는 'honorable' 입니다. 그 뜻이 '풍부하다, 무겁다, 영광스럽다' 라는 뜻을 가지고 있습니다. 야베스가 무엇을 하였길래 하나님이 그를 귀중한 자라고 불러주셨는지 성경은 말하고 있지는 않지만 중요한 것은 무엇입니까? 사람의 눈에는 하찮아 보이고, 근심으로 보이고, 고통의 존재로 보일지라도 하나님 앞에서는 그가 귀중한 자, 존귀한 자, 영광을 받는 사람이라는 것입니다.

에베소서 2장 10절은 말씀합니다.

"우리는 그가 만드신 바라 그리스도 예수 안에서 선한 일을 위하여 지으심을 받은 자니 이 일은 하나님이 전에 예비하사 우리로 그 가운데서 행하게 하려 하심이니라"

우리는 하나님의 존귀한 자들임을 믿으시기 바랍니다. 삶의 출신이 어떠하고, 배경이 어떠하고, 내가 처한 삶의 처지가 어떠하든지 사람의 시선으로 볼 때 불행한 인생이라 말해도 하나님 앞에서는 존귀한 자이며, 하나님의 선함을 위해 지으심을 받은 영광스러운 자들임을 믿으시기 바랍니다. 구함의 축복을 얻는 첫 번째는 하나님 앞에 나는 존귀한 자임을 깨닫고, 하나님께 구해야 한다는 것입니다.

야베스는 자신의 어머니에게는 수고로이 낳은 자식, 고통과 슬픔을 준 자식, 부모 앞에서는 위축된 야베스, 세상 앞에서는 보잘 것 없는 연약한 야베스였지만, 하나님은 그를 형제 중에서 귀중한 자이며 존귀한 자로 여기셨기에 존귀한 자의 간구의 기도를 들어 주신 것입니다. 그러니 야베스는 고통 중에 항상 누구를 찾아갔겠습니까? 하나님을 찾아간 것입니다. 자신의 기도를 들어주시고, 귀중하게 여기시는 하나님 앞에 외치며 기도했던 것입니다.

사무엘상 1장에 보면 한나라는 여인이 나옵니다. 자녀를 낳지 못하는 한나 안에는 무엇이 있었습니까? 세상의 열등감이 있었습니다. 가정 안에서는 존재감이 없었습니다. 자녀를 낳지 못하는 것보다 더 힘든 것은 아무도 자신의 고통을 이해해 주지 못하는 것, 이것이 그녀에게는 가장 큰 슬픔이었습니다. 그래서 한나는 어떻게 합니까? 날마다 하나님께 나와서 기도하고 통곡했습니다.

사무엘상 1장 10절 말씀입니다.

"한나가 마음이 괴로워서 여호와께 기도하고 통곡하며"

날마다 성전에 나와서 하나님 앞에 울며 기도하는데 성전에 있던 엘리 선지자는 한나의 이 고통스러운 마음도 모르고 뭐라고 책망합니까?

사무엘상 1장 14절 말씀입니다.

"엘리가 그에게 이르되 네가 언제까지 취하여 있겠느냐 포도주를 끊으라 하니"

한나가 포도주를 마시고 와서 울면서 술주정하는 줄 알았다는 것이지요. 아무도 한나의 마음을 알아주지 못합니다. 남편 엘가나도 왜 우냐고, 왜 밥도 먹지 않냐고, 왜 마음이 슬프냐고, 속상한 아내의 마음을 이해하지 못하는 남편은 말 그대로 진짜 남의 편입니다. 아무도 한나의 마음을 알아주지를 못하는데, 누가 이 여인의 마음을 생각해줍니까?

사무엘상 1장 19절에 보면

"…여호와께서 그를 생각하신지라"

하나님이 한나의 마음을 생각하시고, 그의 기도에 응답해주셨음을 믿으시기 바랍니다.

우리가 왜 하나님을 찾아야 합니까? 하나님께 간구해야 하는 이유가 무엇입니까? 하나님은 우리의 마음을 헤아려주시기 때문입니다. 다른 사람은 몰라도 하나님만큼은 나를 최고로 존귀하게 여겨주십니다. 하나님은 사람을 외모로 보지 않으시고 중심을 보십니다. 작은 문제든지 큰 문제든지 하나님 앞에서는 작은 것도 큰 것도 없습니다. 모든 것을 다 아시고, 들어주시고, 응답하시는 하나님께 간구하는 성도가 되기 바랍니다.

두 번째, 하나님이 주시는 복을 구하라.

10절 b, 중간 부분입니다.

"…주께서 내게 복을 주시려거든 나의 지역을 넓히시고 주의 손으로 나를 도우사 나로 환난을 벗어나 내게 근심이 없게 하옵소서…"(대상 4:10)

자녀들이 부모에게 도움을 청할 때 스스로 할 수 있는 것을 도와달라 할 때가 있는가 하면 스스로는 도무지 할 수 없는 것을 도와달라고 할 때가 있습니다. 스스로 할 수 있는데 도와 달라고 합니다. 밥을 먹여 달라고 한다던가, 옷을 입혀달라고 하고, 숙제를 해 달라고 합니다. 그러면 부모는 어떻게 합니까? 도와주지 않고 혼을 내면서 스스로 하게 만듭니다. 그

것이 자녀에게 유익한 교육이기 때문입니다. 그런데 스스로는 절대로 할 수 없는 것이 있습니다. 병에 걸린 자녀를 데리고 병원에 가서 치료를 받게 하는 것, 어린 자녀의 교육을 위해 부모가 경제적인 책임을 감당하는 것은 부모가 해야 할 일입니다.

야베스의 기도를 보면 어떻게 기도가 시작됩니까? "주께서 내게 복을 주시려거든" 이라고 시작합니다. 즉 자신이 간구하는 이 기도는 누구만이 들어주실 수 있다는 것입니까? 하나님만이 응답하실 수 있는 기도이며, 하나님만이 해결해 주실 수 있는 기도라는 것입니다.

그가 구하는 것을 보십시오. "나의 지역을 넓히시고 주의 손으로 나를 도우사 나로 환난을 벗어나 내게 근심이 없게 하옵소서" 라고 기도합니다. '지역을 넓혀 달라'는 것은 무엇을 말하고 있습니까? 당시 이스라엘에서 부모가 세상을 떠날 때 자식들에게 유산으로 땅을 남겨주었습니다. 화폐의 단위가 없었던 시절에는 땅이 재산이었습니다. 야베스는 그의 이름에서 알 수 있듯이 자신에게 주어진 땅이 없었거나 혹은 턱없이 부족한 자였다는 것입니다. 이러한 자신의 삶에 지경을 넓혀주고, 지역을 넓혀 주실 수 있는 분은 누구시라는 것입니까?

오직 하나님만 베풀어주실 수 있는 축복이라는 것입니다. 또 그는 기도합니다. "환난을 벗어나 내게 근심이 없게 하옵소서" 세상에 근심 없는 삶을 살아가는 사람이 누가 있습니까? 환난 없는 인생을 살아가는 사람이 어디에 있습니까? 고통 없는 인생이 없고, 아픔 없는 인생이 없습니다. 그래서 티베트의 속담 중에는 이런 속담이 있습니다. '걱정을 해서 걱정이 없어지면 걱정이 없겠네!' 세상에 걱정 없는 사람이 없다는 것입니다. 그런데 이 걱정을 없애줄 수 있는 분이 계십니다. 환난과 근심이 없는 사람은 없지만, 환난과 근심을 이길 수 있도록 힘을 주시고, 해결해 주시는 분이 계십니다. 그분이 누구입니까? 하나님 한 분밖에 없습니다.

베드로전서 5장 7절에 말씀합니다.

"너희 염려를 다 주께 맡기라 이는 그가 너희를 돌보심이라"

마태복음 11장 28절에 말씀합니다.

"수고하고 무거운 짐 진 자들아 다 내게로 오라 내가 너희를 쉬게 하리라"

따라서 야베스의 기도를 보게 되면 어떤 공통점이 있습니까? 그의 기도는 전적으로 하나님을 의지하는 기도, 하나님만이 베풀어주실 수 있는 축복을 구하는 기도였다는 것입니다. 그는 기도의 시작을 '주께서 내게 복을 주시려거든'으로 시작해서 '주의 손으로 나를 도우사'라고 말하고 있습니다. 야베스를 위한 기도, 야베스가 복을 받는, 야베스 중심적인 기도가 아니라 하나님의 능력을 의지하고, 하나님의 복을 구하는, 하나님 중심의 기도를 하고 있었습니다. 이것이 구함의 축복을 받는 열쇠입니다. 하나님은 우리가 하나님을 인정하는 것을 기뻐하시는 분이심을 믿으시기 바랍니다.

잠언 3장 6절에 말씀합니다.

"너는 범사에 그를 인정하라 그리하면 네 길을 지도하시리라"

TV 프로그램 중에 '슈퍼맨이 돌아왔다'라는 프로그램이 있습니다. 이 쇼를 보면 이쁜 아이들이 등장을 합니다. 연예인의 아이들이니 얼마나 이쁘고 잘생겼습니까? 그런데 이 프로그램의 주인공은 사실 아이들이 아닙니다. 그 아이들을 육아하고, 돌보는 아빠들이 주인공입니다. 그래서 슈퍼맨이 돌아왔다에서 슈퍼맨은 누구입니까? 바로 아빠입니다. 우리가 하나님 앞에 무엇을 구하든지 가장 중요한 것은 내가 구하는 이 기도를 들어주시는 분은 오직 하나님 한 분이심을 믿는 것입니다. 축복은 누구로부터만 오는 것입니까? 하나님 한 분으로만 얻을 수 있는 것입니다.

그래서 다윗은 시편 16편 2절에 고백합니다.

"내가 여호와께 아뢰되 주는 나의 주님이시오니 주 밖에는 나의 복이 없다 하였나이다"

주님만이 나의 복이라고 고백했습니다. 야베스의 기도를 하나님이 왜 들어주셨는가? 우리는 여기에서 해답을 얻을 수 있습니다. 야베스는 하나님을 인정하는 기도를 했습니다. 하나님만이 응답해 주셔야 한다는 절대적인 믿음을 가지고 기도했던 것입니다. 하나님은 이러한 그의 기도를 기쁘게 들어주신 것입니다.

하나님만이 나에게 복을 주실 수 있다는 믿음으로 선포하세요. 우리의 모든 간구는 하나님만이 응답하실 수 있다는 절대적인 믿음으로 기도해야 합니다. 하나님을 인정하세요. 내 삶에 주밖에는 나의 복이 없다고 그분을 인정하며 구할 때 하나님께서 우리에게 구함의 축복을 베풀어 주실 줄 믿습니다.

세 번째, 하나님의 허락을 기다리라.

10절 c, 마지막 부분입니다.

"…하나님이 그가 구하는 것을 허락하셨더라" (대상 4:10)

구함의 축복을 얻는 마지막 단계는 바로 하나님의 허락을 기다리는 것입니다. 야베스가 하나님께 복을 달라고 기도했습니다. 그리고 마지막에는 '하나님이 그가 구하는 것을 허락하셨다'고 말씀이 마무리되고 있습니다. 그의 기도는 하나님의 허락 즉 응답으로 완성될 수 있었던 것입니다. 그렇다면 우리는 어떻게 기도해야 합니까? 하나님이 허락하실 때까지, 하나님의 응답이 이루어질 때까지 인내하며 기도해야 합니다. 야베스의 기도에 하나님이 언제 응답하셨는지는 우리는 알 수 없으나 분명한 것은 하나님이 그가 구하는 것을 허락하셨다는 것입니다.

야베스의 기도를 비판적인 시각으로 보는 사람들이 있습니다. 그의 기도는 너무나 개인적인 기도이고, 세상의 축복을 구하는 기도 같아 보인다고 말합니다. 그러나 오늘 본문은 분명하게 우리에게 말씀하고 있습니다. '하나님이 그가 구하는 것을 허락하셨다'입니다. 하나님이 왜 그의 기도를 허락하셨는가? 이것은 전적인 하나님의 뜻이고 하나님의 은혜라는 것입니다.

마가복음 11장 23-24절에 예수님은 기도에 대해서 이렇게 말씀하십니다.

"내가 진실로 너희에게 이르노니 누구든지 이 산더러 들리어 바다에 던져지라 하며 그 말하는 것이 이루어질 줄 믿고 마음에 의심하지 아니하면 그대로 되리라 그러므로 내가 너희에게 말하노니 무엇이든지 기도하고 구하는 것은 받은 줄로 믿으라 그리하면 너희에게 그대로 되리라"

갑자기 가만히 있는 산을 들어서 바다에 던져지라고 말하는 사람이 누가 있습니까? 황당한 기도입니다. 말 그대로 목적이 없는 기도입니다. 그런데 예수님은 이러한 기도라 할지라도 믿고 마음에 의심하지 않으면 그대로 된다고 말씀하십니다. 이 말은 황당한 기도, 말도 안 되는 기도를 하라는 말씀이 아닙니다. 어떠한 기도라 할지라도, 그것이 국가적인 기도가 될 수 있고, 교회를 위한 기도가 될 수 있고, 개인의 기도가 될 수 있고, 미래와 장래의 소망을 위한 기도가 될 수 있습니다. 어떤 기도든지 믿음으로 구하며, 간절히 기도할 때에 하나님은 반드시 응답하신다는 것입니다. 하나님께서는 반드시 우리의 기도에 응답하심을 믿으시기 바랍니다. 하나님의 허락이 떨어질 때까지, 하나님의 응답의 때가 이루어질 때까지 우리는 포기하지 않고 끝까지 인내하며 기도하는 것입니다.

무의미한 기도는 스스로 기도하는 중간에 포기합니다. 왜냐면 개인의 욕심이 들어가고, 하나님의 뜻이 아닌 기도는 아예 처음부터 목숨을 걸지도 않습니다. 하나님도 아시고, 자신도 알기 때문에 중간에 포기하고 기도하지 않는 것입니다. 그러나 사람의 눈으로 볼 때 사사로운 기도라고 말할 수 있고, 그것도 기도할 제목이냐고 말할 수 있는 기도라도 나에게는 간절한 기도이고, 하나님이 응답하셔야 하는 기도는 응답받을 것을 믿고 끝까지 기도하게 됩니다. 그렇게 인내하며 하나님의 허락을 구하는 그 기도에는 하나님께서 반드시 응답하십니다.

하나님은 우리가 기도하는 중에 응답하실 때가 있고, 기도하고 나와 보니 하나님의 응답이 보여질 때가 있고, 때로는 기도하고 보니 이미 응답된 것을 깨닫게 하실 때도 있습니다. 분명한 것은 하나님은 반드시 응답하신다는 것입니다. 이 믿음으로 구함의 축복을 얻는 성도가 되기 바랍니다.

말씀을 맺겠습니다. 구함의 축복의 원리는 구하는 우리가 주인공이 아니라 구함의 축복을 베풀어주시는 하나님이 주인공이 되어야 합니다. 야베스의 기도는 야베스가 잘나서, 야베스가 잘해서 응답을 받은 것이 아니라 야베스를 긍휼히 보시고, 그의 간구와 기도에 응답하신 하나님이 복을 주신 기도입니다. 따라서 본문은 야베스의 기도가 아니라 그 누구든지 하나님의 복을 간절히 구하는 자에게 응답하시는 우리 모두의 기도가 되는 것입니다. 누가 하나님께 간구할 수 있습니까?

이사야서 55장 1절에는 말씀합니다.

"오호라 너희 모든 목마른 자들아 물로 나아오라 돈 없는 자도 오라 너희는 와서 사 먹되 돈 없이 값 없이 와서 포도주와 젖을 사라"

야베스는 슬픔과 고통이라는 이름을 가진 자였지만, 하나님은 그를 누구보다 존귀한 자로 여겨주셨습니다. 그리고 그의 기도에 귀를 기울여주셨습니다. 우리의 삶이 슬픔 가운데 있고, 고통 가운데 있고, 외면받는 인생을 살아왔다 하더라도 하나님은 우리를 외면치 않으시고 우리의 간구에 귀를 기울이시는 분이심을 믿기 바랍니다.

그리고 그분께 복을 구하세요. 우리의 인생에 복을 주시는 분은 오직 하나님 한 분밖에 없습니다. 하나님만이 들어주셔야 하는 기도를 구하세요. 하나님 밖에 없다는 절박함으로 기도하시기 바랍니다. 주님이 내게 복을 주셔야 하고, 주님의 손으로 나를 도와주셔야 한다고 고백했던 절박한 야베스의 기도와 같이 하나님만이 나에게 복을 주실 수 있고, 하나님의 손으로 도와달라고 구할 때 하나님은 반드시 우리의 구하는 것을 허락하실 줄 믿습니다.

하나님의 때는 반드시 옵니다. 하나님은 포기하지 않으신데 우리가 먼저 포기하면 안 됩니다. 하나님의 응답을 기다리며 구함의 축복을 얻는 성도가 되기 바랍니다.

9. 순종의 축복

_The Blessing of Obedience

열왕기상 17:8-16

여호와의 말씀이 엘리야에게 임하여 이르시되 너는 일어나 시돈에 속한 사르밧으로 가서 거기 머물라 내가 그 곳 과부에게 명령하여 네게 음식을 주게 하였느니라 그가 일어나 사르밧으로 가서 성문에 이를 때에 한 과부가 그 곳에서 나뭇가지를 줍는지라 이에 불러 이르되 청하건대 그릇에 물을 조금 가져다가 내가 마시게 하라 그가 가지러 갈 때에 엘리야가 그를 불러 이르되 청하건대 네 손의 떡 한 조각을 내게로 가져오라 그가 이르되 당신의 하나님 여호와께서 살아 계심을 두고 맹세하노니 나는 떡이 없고 다만 통에 가루 한 움큼과 병에 기름 조금 뿐이라 내가 나뭇가지 둘을 주워다가 나와 내 아들을 위하여 음식을 만들어 먹고 그 후에는 죽으리라 엘리야가 그에게 이르되 두려워하지 말고 가서 네 말대로 하려니와 먼저 그것으로 나를 위하여 작은 떡 한 개를 만들어 내게로 가져오고 그 후에 너와 네 아들을 위하여 만들라 이스라엘의 하나님 여호와의 말씀이 나 여호와가 비를 지면에 내리는 날까지 그 통의 가루가 떨어지지 아니하고 그 병의 기름이 없어지지 아니하리라 하셨느니라 그가 가서 엘리야의 말대로 하였더니 그와 엘리야와 그의 식구가 여러 날 먹었으나 여호와께서 엘리야를 통하여 하신 말씀 같이 통의 가루가 떨어지지 아니하고 병의 기름이 없어지지 아니하니라 순종과 복종의 차이를 아십니까? 둘 다 똑같이 '따른다'라는 의미를 가지고 있지만 그 목적과 방향은 전혀 다릅니다. 사전적 의미에서 순종과 복종은 이렇게 구분할 수 있습니다. 순종은 순순히 자발적으로 따른다는 의미를 가지고 있고, 복종은 남의 명령이나 의사를 그대로 따라서 좇아간다는 뜻을 가지고 있습니다. 남편과 아내는 서로 복종의 관계가 아니라 서로를 위하고 사랑해서 섬기는 순종의 관계가 되어야 하는 것입니다. 자녀가 부모의 힘에 눌려서 복종하는 관계가 아니라 부모를 인정하고 사랑하기에 순종하게 되는 순종의 관계가 되어야 합니다. 하나님은 우리에게 무엇을 원하실까? 하나님이 두려워서, 하나님이 무서워서 복종하는 것이 아니라 우리의 자발적인 순종을 원하심을 믿으시기 바랍니다.

그렇다면 하나님은 왜 우리에게 순종을 요구하실까요? 순종을 통하여 하나님이 주시는 축복을 베풀어주시기 위함입니다.

신명기 28장 1절에 말씀합니다.

"네가 네 하나님 여호와의 말씀을 삼가 듣고 내가 오늘 네게 명령하는 그의 모든 명령을 지켜 행하면 네 하나님 여호와께서 너를 세계 모든 민족 위에 뛰어나게 하실 것이라"

순종의 목적이 무엇입니까? 하나님 앞에 복종하게 만들려고, 하나님을 두려워하게 만들려고 순종하라는 것이 아닙니다. 하나님은 복을 주시는 통로로 순종을 사용하시는 것입니다.

본문의 말씀은 극심한 가난 속에서 상식을 초월하는 순종을 함으로써 하나님의 놀라운 축복을 받은 한 여인의 이야기입니다. 지금 이스라엘에는 극심한 가뭄이 이어지고 있습니다. 그 원인은 이스라엘의 아합왕이 하나님의 말씀에 순종하지 않고, 바알과 아세라 우상을 숭배하면서 하나님 앞에 범죄했기 때문입니다. 얼마나 가뭄이 심한지 비는 고사하고 이슬도 내리지 않고 있습니다. 그런데 극심한 피해는 누가 가장 많이 보고 있을까요? 궁궐에 있는 왕과 부유한 사람들은 그래도 먹을 것을 쌓아두고 있어서 얼마간 생명을 유지할 수 있었지만 가난한 백성들이 이 고통을 고스란히 받고 있었습니다. 그 중에서도 가장 힘든 사람들은 바로 약자들입니다. 남편이 없는 과부들, 고아들은 당장 내일의 삶도 보장되지 못하는 삶을 살아가고 있었습니다.

본문에 나오는 사르밧에 살고 있는 이 과부도 이러한 시대적 어려움을 피할 길은 없었습니다. 어린 아들과 함께 살고 있는 이 과부도 처음에는 가뭄이 곧 끝날 것이라고 생각했습니다. 그런데 시간이 지나도 가뭄이 끝나지 않습니다. 마을의 우물은 진작에 말랐고, 밭에 있는 곡식들도 다 말라 버렸습니다. 그러자 사람들은 하나 둘 씩 살길을 찾아 마을을 떠나가는데 이 과부와 아들은 피난갈 곳도 없고 도움을 받을 사람도 없습니다. 두 사람이 허름한 집에서 속히 가뭄이 지나가기만을 기다리고 있는데, 세끼를 먹다가 하루에 두 끼만 먹고 버티다가 이제는 하루에 한 끼도 배불리 먹을 수 없게 되었습니다. 한창 배고플 나이의 어린 아들은 엄마의 속도 모르고 맨날 배가 고프다고 누워서 보채고 있습니다. 과부는 결심하게 됩니다. '내가 차라리 굶고 아들을 먹어야겠다.' 그렇게 과부는 마지막 얼마 남지 않은 식량을 아들을 위해서 양보하고, 맹물로 빈속을 버티며 며칠을 지나게 됩니다. 그런데 어느 날 화덕 옆에 항아리 속을 들여다본 이 과부는 지금까지 참아왔던 감정을 숨기지 못하고 울음을 터트리고 맙니다. 그렇게 힘들게 살아남기 위해서 버텨왔는데 이제 항아리 속에는 떡 한 조각 만들 수 있는 밀가루 한 줌과 기름 조금밖에 남지 않았기 때문입니다. 나 혼자 살다가 죽으면 괜찮습니다. 그런데 내가 죽으면 어린 아들은 어떻게 살아야 한단 말입니까? 한참을 울던 여인은 어차피 굶어 죽게 될 것이니 마지막 남은 이 밀가루 한 줌으로 빵 한 조각을 만들어서 한 끼를 먹고 아들과 같이 죽자는 결심을 하게 된 것입니다. 사람이 죽을 결심을 하게 되니까 단순해집니다. 눈에 보이는 것이 없습니다. 당장에 성문에 나가서 땔감으로 쓸 나뭇가지를 줍고 있는데, 그때 선지자 엘리야가 이 여인에게 와서 물을 좀 달라고 합니다. 이전 같으면 마실 물도 아끼면서 주지 않았겠지만 어차피 이제 죽을 생각하고 있으니 그까짓 물 안 마시고 죽자 라는 생각으로 집에 아껴두었던 물을 가져다 주려고 하는데 이어서 엘리야가 물 가지러 갈 때 떡 한 조각 만들어서 가져오라고 합니다.

11절 말씀입니다.

"그가 가지러 갈 때에 엘리야가 그를 불러 이르되 청하건대 네 손의 떡 한 조각을 내게로 가져오라" (왕상 17:11)

이 말을 들은 여인이 기가 막히다는 모습을 보이면서 그동안 참아왔던 설움을 한순간에 엘리야에게 터트립니다.

12절 말씀입니다.

"그가 이르되 당신의 하나님 여호와께서 살아 계심을 두고 맹세하노니 나는 떡이 없고 다만 통에 가루 한 움큼과 병에 기름 조금 뿐이라 내가 나뭇가지 둘을 주워다가 나와 내 아들을 위하여 음식을 만들어 먹고 그 후에는 죽으리라" (왕상 17:12)

하나님이 살아계시면 내 처한 상황 다 알고 계시지, 밀가루 한 줌과 기름 조금 남은 거 가져다가 이제 마지막으로 떡 하나 만들어 먹고 이 힘든 세상 아들과 함께 죽고 떠나겠다고 지금 땔감을 가지러 나왔는데, 어떻게 그 떡을 가져오라고 말씀하고 있느냐 라는 것입니다. 우리말 속담에 이런 속담이 있습니다. 벼룩의 간을 빼먹는다고, 이건 벼룩의 간 정도가 아니라 여인의 마지막 남은 인생의 선택조차도 빼앗아 버리고 있는 것입니다. 떡 하나 만들어서 아들이 행복하게 먹는 모습 보고 죽으려고 하는데 그것조차도 하지 못하게 만드냐 라는 것입니다.

이 여인의 말을 들은 엘리야가 너무나 마음이 아파서 아니 그런 사정인지 몰랐다고 그러면 진작에 말을 하지, 왜 이렇게 극단적인 결정을 하느냐, 마음을 추스리고 산 사람은 어떻게 해서든 살 생각을 해야지 죽을 용기가 있다면 살 수 있는 거라고 위로의 말을 했을까요?

13절 말씀을 보세요.

"엘리야가 그에게 이르되 두려워하지 말고 가서 네 말대로 하려니와 먼저 그것으로 나를 위하여 작은 떡 한 개를 만들어 내게로 가져오고 그 후에 너와 네 아들을 위하여 만들라" (왕상 17:13)

저는 오늘 말씀을 한참 봤습니다. 엘리야가 말합니다. '가서 네 말대로 하라' 영어 성경에 보니 'Go home and do as you have said' 직역하면 '집에 가서 네가 하려고 했던 대로 하라' 입니다. 엘리야가 말합니다. 떡 만들어 먹고 죽으려고 했던 그 결정대로 하라는 것입니다. 어차피 떡 만들 거 원래 크기보다 좀 더 작게 두 개를 만들어서 하나는 나를 주고, 하나는 너와 네 아들을 위해서 만들라는 것입니다. 엘리야 선지자가 너무 하지 않았습니까? 아니 하나님 너무 하신 것 아닙니까? 불쌍한 과부의 처한 상황을 위로하시고 살 길을 열어주셔야지, 어떻게 여인의 마지막 남은 것 까지도 빼앗아가십니까?

그런데 14절에 놀라운 약속을 말씀하고 있습니다.

"이스라엘의 하나님 여호와의 말씀이 나 여호와가 비를 지면에 내리는 날까지 그 통의 가루가 떨어지지 아니하고 그 병의 기름이 없어지지 아니하리라 하셨느니라" (왕상 17:14)

엘리야의 이 말을 들은 여인이 어떻게 했을까요? 이제 여인의 선택에 달려 있습니다. 떡을 만들어 먹고 아들과 함께 죽을 것인가 아니면 하나님의 말씀을 믿고 순종함으로써 엘리야에게 먼저 떡을 가져 올 것인가?

15-16절 말씀에 보면

"그가 가서 엘리야의 말대로 하였더니 그와 엘리야와 그의 식구가 여러 날 먹었으나 여호와께서 엘리야를 통하여 하신 말씀 같이 통의 가루가 떨어지지 아니하고 병의 기름이 없어지지 아니하니라" (왕상 17:15~16)

놀라운 일이 벌어졌습니다. 분명히 통에는 가루가 한 줌 남았고 기름병에는 한 끼 분량의 기름만 남아있었는데, 말씀에 순종했더니 통에 가루가 떨어지지 않고 기름병의 기름이 마르지 않는 축복을 받게 된 것입니다. 이 사르밧 과부의 사건을 통해서 우리에게 순종의 축복이 무엇인지에 대해 말씀하고 있습니다.

첫 번째, 하나님의 말씀을 선택하는 순종입니다.

아무것도 남지 않았다고 생각했던 이 여인에게도 선택할 수 있는 두 가지가 있었습니다. 하나는 나의 뜻과 나의 의지대로 할 것인가 아니면 하나님의 말씀을 믿고 순종할 것인가 입니다.

13절 말씀을 보세요.

"엘리야가 그에게 이르되 두려워하지 말고 가서 네 말대로 하려니와 먼저 그것으로 나를 위하여 작은 떡 한 개를 만들어 내게로 가져오고 그 후에 너와 네 아들을 위하여 만들라" (왕상 17:13)

엘리야는 여인에게 강제로 떡을 만들라고 말하지 않았습니다. '가서 네 말대로 하려니와'라고 말하고 있습니다. 이 말은 여인이 스스로 하고자 하는 대로 실행하라는 것입니다. 여인에게 두 가지 선택을 제시하고 있는 것입니다. 원래 여인이 생각했던 것같이 자신과 아들을 위해 떡을 만들어 먹고 죽는 것이고 또 하나는 엘리야를 위해서 떡을 만든 다음 원래 계획이었던 자신들을 위해서 만드는 것입니다.

  비슷해 보이지만 두 가지 선택은 큰 차이가 있습니다. 하나는 자신이 원하고 계획했던 대로 행하는 것이고, 또 다른 하나는 나의 계획에 하나님의 뜻을 집어넣고 하나님의 명령을 넣는 것입니다. 밀가루를 반죽해서 떡을 만드는 것은 똑같습니다. 떡 하나를 크게 만들거나 작은 것 두 개 만들거나 떡을 만드는 것은 똑같습니다. 그런데 내 뜻대로 떡을 만드느냐, 하나님의 뜻대로 만드느냐 이 작은 차이가 순종하느냐 순종하지 않느냐를 결정하는 것이고, 순종할 때에 주어지는 축복은 그렇지 않을 때와는 완전히 다른 결과를 만들어 냅니다.

  하나님께서 우리의 삶에 순종을 요구하실 때 엄청나게 큰 순종을 요구하실 때가 있습니다. 아브라함에게 고향과 아버지의 집을 떠나라고 말씀하시고, 모세에게 이스라엘 백성을 출애굽하라고 명령하시는 것 같이 인생의 완전한 전환점을 요구하시는 큰 순종을 명령하실 때가 있습니다. 그런데 우리 일상의 삶에서 하나님의 뜻대로 살아가고, 하나님의 말씀대로 순종할 것을 요구하실 때가 훨씬 더 많습니다. 똑같은 24

시간, 하루의 삶을 살아갈 때 그 시간을 어떻게 사용하며 살아가겠습니까? 내 뜻과 내 목적과 내 계획만을 고집하며 살아갈 것인가 아니면 삶 속에서 하나님의 뜻을 선택하고, 하나님의 음성에 귀 기울이며 살기를 원하시는 순종의 삶을 살겠습니까? 똑같은 물질을 사용할 때도 그것을 나의 목적과 나의 뜻만을 위해 사용하는가 아니면 하나님의 말씀에 순종해서 올바른 십일조와 헌신과 목적을 위해서 사용할 것인가 그 차이에서 순종하는 자와 순종하지 않는 자의 결과가 다르게 나타나게 됩니다.

하나님께 순종한다는 것이 마치 우리 인생에 모든 선택을 다 포기하게 만들어 버리는 것 같습니까? 아닙니다. 하나님께 순종하는 삶을 사는 것은 나의 삶을 살아가면서 선택에 있어서는 하나님의 뜻과 하나님의 원하시는 삶을 살아가는 것입니다. 한번 생각해 보십시오. 엘리야가 과부에게 작은 떡 하나 만들어 오라고 하는 것이 정말 갈급하고 배가 고파서 만들어 오라고 하는 것입니까? 아닙니다. 이미 하나님께서는 엘리야가 이 사르밧 과부를 만나기 전에 말씀하셨습니다.

본문 9절에 보면

"너는 일어나 시돈에 속한 사르밧으로 가서 거기 머물라 내가 그 곳 과부에게 명령하여 네게 음식을 주게 하였느니라" (왕상 17:9)

이 여인을 만나게 될 것과 여인에게 순종을 요구할 것을 이미 알려주셨습니다. 여인의 궁핍한 상황을 아시는 하나님께서 여인에게 순종을 요구하심으로 축복을 주시고자 하는 계획이 있었던 것입니다. 우리의 삶에는 어떠한 상황에 있든지 분명한 두 가지 선택이 있습니다. 내 뜻대로, 내가 고집하는 대로 선택할 것인가 아니면 하나님의 뜻대로, 하나님이 말씀하시는 그 길을 선택할 것인가? 그것이 시간이 될 수 있고, 물질이 될 수 있고, 인생의 방향이 될 수 있고, 삶의 목적이 될 수 있습니다. 이런 선택에서 하나님의 말씀을 신뢰하고, 하나님의 뜻에 순종할 때 하나님께서 우리의 삶에 놀라운 기적과 축복을 채워 주실 줄 믿습니다.

두 번째, 믿음으로 선택하는 순종입니다.

14절 말씀입니다.

"이스라엘의 하나님 여호와의 말씀이 나 여호와가 비를 지면에 내리는 날까지 그 통의 가루가 떨어지지 아니하고 그 병의 기름이 없어지지 아니하리라 하셨느니라" (왕상 17:14)

지금 이스라엘은 극심한 가뭄 중에 있습니다. 만약 계절마다 찾아오는 가뭄이라면 반드시 언젠가 비가 온다는 것을 알고 있습니다. 그런데 지금 이 가뭄은 하나님이 이스라엘 백성에게 진노로 내리신 가뭄입니다. 다시 말해서 비가 언제 올지 기약을 알 수 없는 가뭄이라는 것입니다. 하나님께서 언제 비를 내려주실지 알 수가 없는데 "여호와가 비를 지면에 내리는 날까지 그 통의 가루가 떨어지지 않고 기름이 없어지지 아니하리라." 세상에 이런 일이 어디에 있습니까? 밀가루가 떨어지지 않는 통이 어디에 있고, 기름이 계속 나오는 기름병이 어디에 있습니까? 그릇은 분량이라는 것이 있어서 1리터에는 1리터의 분량이 들어가고, 10리터에는 10리터의 분량이 들어가는 것입니다. 그런데 하나님께서 비를 내리는 그 언제가 될 때까지 그 통에 가루가 떨어지지 않고, 기름에 없어지지 않는다고 말씀하고 있습니다. 불확실하고 부정확한 말씀 속에서 순종할 것을 요구하고 있습니다. 순종이 무엇입니까? 결과가 확실할 때, 계산이 정확할 때 순종하는 것입니까? 결과를 알 수 없다 할지라도 믿음으로 선택하고, 믿음으로 실천하는 것이 바로 순종입니다.

히브리서 11장 1-2절에 말씀합니다.

"믿음은 바라는 것들의 실상이요 보이지 않는 것들의 증거니 선진들이 이로써 증거를 얻었느니라"

바라는 것이 아직 이루어지지 않았습니다. 아무것도 보이지 않지만 하나님의 말씀을 믿고 순종하였더니 믿음의 선진들은 그 믿음의 순종으로 보이는 증거를 얻었다는 것입니다. 세상 사람들은 보이는 것을 믿습니다. 확실한 것을 따라갑니다. 그러나 믿음의 사람들은 보이지 않고, 불확실할지라도 인도하시고 역사하시는 확실하신 하나님을 믿고 순종하는 것입니다.

안개가 가득한 도로를 운전해 보신 적이 있습니까? 제가 밤길을 운전하는데 안개가 자욱히 깔린 도로를 운전할 때가 있었습니다. 안개가 얼마나 짙은지 시야가 1-2미터 밖에 보이지 않습니다. 이럴 때 운전하는 방법은 바로 눈앞에 있는 차선만 보고 가는 것입니다. 노란색 차선만 보고서 길이 있다라는 것을 믿고 가다 보면 목적지까지 갈 수 있습니다.

불확실한 시대를 살아갈 때 세상 사람들은 확실한 것을 요구합니다. 눈에 보이고 계산되고 명확하고 정확한 것을 따라갑니다. 그러나 믿음의 사람들은 시대가 불확실하기에 분명하고 확실하신 예수님을 믿는 믿음으로 살아갑니다. 왜냐하면 주님만이 길이고 진리이기 때문입니다. 오늘 이 여인은 믿음으로 말씀에 순종하였습니다. 그리고 말씀하신 대로 분명하게 역사하시는 하나님의 놀라운 축복을 경험하게 됩니다.

16절 말씀에 보면

"여호와께서 엘리야를 통하여 하신 말씀같이 통의 가루가 떨어지지 아니하고 병의 기름이 없어지지 아니하니라" (왕상 17:16)

불가능할 것 같은 일이 여인에게 실제로 이루어졌습니다. 믿음으로 순종하면 놀라운 역사가 일어납니다. 계산하며 순종하지 마세요. 결과를 예상하고 순종하지 말고, 하나님께서 반드시 역사하실 것을 믿고 순종하면 예상치 못한 놀라운 기적과 역사가 일어나게 될 줄 믿습니다.

세 번째, 부르심을 선택하는 순종입니다.

15절 말씀입니다.

"그가 가서 엘리야의 말대로 하였더니 그와 엘리야와 그의 식구가 여러 날 먹었으나" (왕상 17:15)

하나님께서 우리에게 순종을 요구하실 때에는 반드시 목적하시는 것이 있습니다. 반대로 말하면, 목적이 없다면 순종을 요구하시지 않는다는 것입니다. 의미 없이 주어지는 것은 아무것도 없습니다. 모든 것은 다 목적이 있습니다. 미국에서 자주 쓰는 말 중에 '오더 order'라는 말이 있습니다. 이 오더가 사람에게만 쓰이는 것이 아니라 물건에도 쓰입니다. 작동이 잘 되는 기계나 물건을 가리켜 'working order'라고 말하고 반대로 작동이 되지 않는 기계, 고장 난 기계는 'out of order'라고 말합니다. 따라서 모든 것은 다 오더에 의해서 움직이는 것이지요.

하나님께서 우리를 창조하신 것도 반드시 목적하심이 있기에 창조하셨음을 믿으시기 바랍니다. 이 땅에 목적 없이 태어난 사람은 없습니다. 문제는 하나님을 알지 못하는 사람들은 그 목적을 몰라서 세상 가운데 방황하는 것입니다. 그것을 다른 말로 '부르심'이라고 하고 또한 '소명 Calling'이라고 합니다.

로마서 8장 28절에 말씀합니다.

"우리가 알거니와 하나님을 사랑하는 자 곧 그의 뜻대로 부르심을 입은 자들에게는 모든 것이 합력하여 선을 이루느니라"

그렇다면 순종의 목적은 무엇입니까? 바로 하나님의 부르심에 있습니다. 본문의 배경 속에서 이 과부와 같이 어려움을 당하는 사람들이 얼마나 많이 있었겠습니까? 당시에 수많은 여인들과 가정들이 가뭄으로 굶주림으로 고통받고 있었습니다. 이것은 국가적인 시련의 시간이었기 때문입니다. 그런데 하나님이 사르밧 과부의 가정에 이 일을 행하신 이유가 있습니다. 본문의 말씀을 보니 여인의 집에서 함께 쉼을 얻은 사람이 바로 엘리야 선지자였습니다. 그가 여인의 집에서 며칠을 묵으며 함께 먹고 힘을 얻었다는 것입니다. 15절 마지막에 '그와 엘리야와 그의 식구가 여러 날 먹었으나'라고 말하고 있습니다. 이스라엘 전역이 가뭄으로 먹을 것이 없는 상황 속에서 이 여인의 집에는 먹을 것이 풍족하니 그곳에서 하나님의 선지자 엘리야가 함께 먹으며 힘을 얻게 되었다는 것입니다. 여인의 가정에만 축복이 임한 것이 아니라 그 가정에 임한 축복을 통하여 함께 먹는 자가 생기고, 함께 하나님의 일을 위해서 쓰임 받는 가정이 되었다는 것입니다.

우리가 하나님께 순종해야 하는 가장 중요한 이유가 바로 이것입니다. 순종했더니 복을 받고, 순종했더니 우리 집이 잘되었다로 끝나는 것이 아니라 순종해서 하나님의 부르심에 쓰임 받는 자가 되기 위해서입니다. 우리의 삶을 통해, 순종을 통해 하나님의 나라가 확장되고, 그리스도의 복음이 선포되고, 내가 순종해서 나 혼자만 복을 받는 것이 아니라 내가 순종하여 그 축복으로 누군가가 함께 먹고, 함께 힘을 얻고, 함께 살아나는 그 역사를 이루기 위해서 우리는 부르심에 순종해야 하는 것입니다. 그것이 내 자신을 포기해야 하는 순종이 될 수 있습니다. 부르심에 순종하기 위해서는 자신을 내려놔야 합니다. 포기해야 합니다.

그래서 예수님은 마태복음 16장 24절에 부르심에 순종에 대해 이렇게 말씀하십니다.

"누구든지 나를 따라오려거든 자기를 부인하고 자기 십자가를 지고 나를 따를 것이니라"

오늘도 주님은 우리가 부르심에 순종하기를 원하십니다. 사명의 자리로 부르시고, 헌신의 자리로 부르시고, 시간과 물질과 힘과 노력을 주님의 그 부르심을 위해 순종하기를 원하십니다. 부르심에 순종함으로 놀라운 순종의 축복이 우리의 삶을 넘어서서 이웃을 살리고 영혼을 살리고 하나님의 일을 세우는데 귀하게 쓰임 받는 성도가 되기 바랍니다.

말씀을 맺겠습니다. 오늘 우리에게 하나님은 어떠한 순종을 말씀하고 계십니까? 큰 순종도 해야 하지만 먼저 우리의 삶에서 하나님은 작은 순종부터 아니 가장 기본적인 순종부터 요구하실 수 있습니다. 시작은 이렇게 말씀하실 것입니다. '네 말대로 해라, 네가 하고자 하는 대로 해라, 원래 살아가던 삶처럼 살아라, 그런데 이제는 네가 원하고, 너의 뜻대로 사는 것이 아니라 내가 계획하고, 내가 뜻하는 것을 순종할 수 있겠느냐?' 떡 하나 만들어서 아들과 같이 먹고 죽으려고 했던 사르밧 여인에게 작은 떡 두 개를 만들어서 하나는 선지자를 주고, 하나는 아들과 먹으라고 말씀하시는 하나님의 말씀은 작은 순종을 요구하시는 것 같아 보이지만 여인의 결심을 완전히 무너뜨리는 순종입니다. 왜냐하면 죽더라도 자신 뜻대로 죽는 것이 아니라 하나님의 뜻대로 순종하다가 죽어야 된다는 것을 말씀하고 있기 때문입니다.

이 땅에서 하루 24시간을 살아가고 자신에게 주어진 인생을 살아가는 것은 다 똑같습니다. 그런데 내 뜻대로 인생을 살아가는 것과 하나님의 뜻대로 순종하며 인생을 살아가는 것은 완전히 다른 것입니다. 하나님의 뜻에 순종하는 삶을 살아가기 바랍니다.

그리고 불가능을 가능케 하시는 하나님을 믿는 믿음으로 순종하시기 바랍니다. 순종하면 기적이 일어납니다. 문제는 순종하기 전에 기적이 일어날까 의심하는 것입니다. 홍해가 갈라지고 나서 건넌 것이 아니라 건너려고 발을 담그는 순간에 갈라졌습니다. 오병이어의 기적은 5000명의 음식이 준비되어서 일어난 것이 아니라 보리떡 다섯 개와 물고기 두 마리를 나눠 먹다가 모든 사람이 다 먹고 열두 광주리가 남는 기적이 일어난 것입니다. 믿음으로 순종하면 하나님은 반드시 기적을 우리 안에 행하실 줄 믿습니다.

그리고 부르심에 순종하세요. 순종에는 목적이 있습니다. 하나님의 뜻을 이루는 것입니다. 어떠한 절망 가운데 있다 할지라도 순종하면 하나님이 놀라운 기적과 역사를 이루어 주십니다. 이 믿음으로 순종의 축복을 받는 성도가 됩시다.

10. 만족의 축복

_The Blessing of Satisfaction

하박국 3:16-19

내가 들었으므로 내 창자가 흔들렸고 그 목소리로 말미암아 내 입술이 떨렸도다 무리가 우리를 치러 올라오는 환난 날을 내가 기다리므로 썩이는 것이 내 뼈에 들어왔으며 내 몸은 내 처소에서 떨리는도다 비록 무화과나무가 무성하지 못하며 포도나무에 열매가 없으며 감람나무에 소출이 없으며 밭에 먹을 것이 없으며 우리에 양이 없으며 외양간에 소가 없을지라도 나는 여호와로 말미암아 즐거워하며 나의 구원의 하나님으로 말미암아 기뻐하리로다 주 여호와는 나의 힘이시라 나의 발을 사슴과 같게 하사 나를 나의 높은 곳으로 다니게 하시리로다 이 노래는 지휘하는 사람을 위하여 내 수금에 맞춘 것이니라 윌리엄 버클레이는 '만족의 비결'이라는 책에서 현대를 살아가는 우리가 어떻게 해야 만족할 수 있는가 라는 질문에 이렇게 대답합니다. '만족은 배워야 하는 것이다. 참된 만족을 누리려면 삶에서 만나는 궁핍과 고난과 가난과 슬픔 등 모든 상황이 동시다발적으로 다가올 때 비로써 배울 수 있다' 배고픔을 겪을 때 배부름의 만족을 배우고, 병으로 고통받을 때 건강에 대한 만족을 배우고, 잃어버리고 상실할 때 가진 것에 대한 만족을 배우게 된다는 것입니다. 그래서 인생의 성공을 위해 그렇게 열심히 살았던 사람이 한순간에 건강을 잃어버리거나 혹은 가정의 문제가 생기게 되고 소유했던 모든 것들이 한순간에 사라지게 되면 뭐라고 얘기하게 됩니까? 자신이 지난 시간동안 그렇게 열심히 살았던 것이 후회가 되고, 이제야 비로써 하루하루를 만족하며 살아갈 수 있게 되었다고 말하게 됩니다. 만족은 더 많이 받게 되고, 이전보다 더 많이 소유해서 얻는 것이 아니라 반대로 잃어버리고, 고난을 당하고, 고통 가운데 있을 때 비로써 만족하는 법을 배우게 된다는 것입니다.

오늘 본문 17-18절에 하박국 선지자는 고백합니다.

"비록 무화과나무가 무성하지 못하며 포도나무에 열매가 없으며 감람나무에 소출이 없으며 밭에 먹을 것이 없으며 우리에 양이 없으며 외양간에 소가 없을지라도 나는 여호와로 말미암아 즐거워하며 나의 구원의 하나님으로 말미암아 기뻐하리로다" (합 3:17~18)

우리의 삶에 기쁠 때가 있으면 슬플 때가 있고, 풍족할 때가 있으면 궁핍할 때도 있습니다. 평안한 삶을 살아갈 때가 있다면, 고난과 환난을 만나기도 합니다. 그러나 모든 상황 속에서도 만족할 수 있는 믿음, 만족하는 축복을 얻는 성도가 되기 바랍니다. 그렇다면 하나님이 주시는 만족의 축복은 무엇일까요?

첫 번째, 고난 중에 만족케 하시는 축복입니다.

16절 말씀입니다.

"내가 들었으므로 내 창자가 흔들렸고 그 목소리로 말미암아 내 입술이 떨렸도다 무리가 우리를 치러 올라오는 환난 날을 내

가 기다리므로 썩이는 것이 내 뼈에 들어왔으며 내 몸은 내 처소에서 떨리는도다"(합 3:16)

요즘은 마음의 병, 심적인 병을 갖고 살아가는 사람들이 많이 있습니다. 우리나라 사람들 중에 40% 이상이 우울증 혹은 불안증을 갖고 살아간다는 통계가 있습니다. 그중에서 불안장애가 있습니다. 잠을 잘 수 없고, 예민하고 잘 놀라기도 하고, 작은 일에도 지나치게 염려합니다. 집중하기도 힘들고 마음이 항상 불안한 생각으로 차 있습니다. 원인이 무엇일까요? 만족하지 못할 때, 충족되지 못한 상황 속에서 불안함을 느끼게 되는 것입니다. 자기 자신에 대해서 만족하지 못할 때, 극심한 스트레스를 받게 될 때, 어린 자녀들은 부모로부터 충분한 사랑을 받지 못하거나 보호를 받지 못하게 되면 심리적인 불안감을 겪게 됩니다.

지금 하박국 선지자는 두려운 마음을 고백하고 있습니다. "내가 들었으므로 내 창자가 흔들렸고, 그 목소리로 말미암아 내 입술이 떨렸도다" 얼마나 두려운지 창자가 흔들리고 입술이 떨렸다고 표현하고 있습니다. 하나님의 진노가 임박했습니다. '들었다'는 것은 바벨론의 군대가 이제 이스라엘로 쳐들어온다는 것을 들었다 라는 것입니다. 왜 이런 시련이 이스라엘에게 임하게 되었을까요? 당시에 이스라엘의 왕이었던 여호와김이 하나님의 말씀에 불순종했습니다. 우상을 섬기며 악행을 일삼았습니다. 백성들도 하나님의 말씀을 듣지 않습니다. 이에 하나님께서는 결국 바벨론의 군대를 일으켜서 이스라엘 백성을 침략하게 만드시고 이로 인해 이스라엘이 회개할 때 구원하게 하시려는 계획을 진행하게 됩니다.

몸에 좋은 약은 입에는 쓰다고 말하는 것과 같이 때로는 징계와 훈계가 올바른 길로 인도하는 처방이 될 때가 있습니다. 가만히 두면 이스라엘 백성이 자기 스스로 망하게 될 판입니다. 하나님은 그냥 내버려 둘 수 없었기에 고통의 시간을 주어서 하나님께로 돌아오고 하나님 한 분만으로 만족하게 하시려는 것입니다. 따라서 하박국 선지자는 고난이 닥칠 것을 생각하니 두렵고 떨리지만, 고난에는 목적이 있다라는 것을 믿었고, 고난 뒤에 회복하시고 만족케 하시는 하나님의 계획을 믿었던 것입니다.

고난을 피하는 것만이 축복일까요? 고생 길보다 편한 길을 가는 것이 복일까요? 아니요. 고난의 길을 걸어간다 할지라도 영광을 바라보며 인내하고 참고 승리하는 것이 축복입니다.

자녀들이 고생 한 번 안 하고 편한 인생을 살아가는 것이 만족된 삶이 아니라 힘들고 어렵지만 스스로 헤쳐나가고 이겨내어 만족할 수 있도록 배우게 하는 것이 참된 부모의 모습입니다.

하나님은 우리에게 고난을 주실 때가 있습니다. 역경의 시간을 주실 때가 있습니다. 그러나 분명한 것은 성도에게 주시는 고난 중에 하나님의 뜻이 없는 고난은 없다는 것입니다. 우리가 당하는 시련에는 분명한 목적이 있습니다. 그것이 우리의 죄 때문에 오는 시련이라면 회개하고 주님께 돌아오라는 뜻이고, 우리의 믿음을 시험하는 시련이라면 이겨내고 승리했을 때 성숙하고 큰 믿음의 사람이 되게 하시려는 하나님의 뜻이고, 우리의 죄도 아니고 믿음의 시험이 아니라 예수님을 위한 고난이라면 그 고난 뒤에는 주님의 영광이 나타나고 주님의 이름이 우리를 통해 높여지는 영광의 시련입니다. 어떤 시련과 연단을 만난다 할지라도 그 고난 때문에 내 마음이 흔들리고, 입술이 떨리고, 뼈속까지 고통이 느껴진다 해도 하나님은 반드시 우리와 함께하시고 이 고난 뒤에 만족케 하시는 놀라운 역사가 있음을 믿으시기 바랍니다.

성경에 나오는 믿음의 사람들은 바로 이 고난을 만족하며 살았던 사람입니다. 노아는 비 한 방울 내리지 않는 땅에서 하나님의 명령으로 배를 만들었고, 아브라함은 갈 바를 알지 못했지만 믿음으로 길을 떠났습니다. 모세는 모든 것을 다 버리고 하나님의 백성과 함께 광야 길을 걷는 것을 선택했습니다. 그러나 그들은 그것을 원망하지 않았고 감사하고 만족하며 그 고난을 이겨냈습니다. 어떻게 그렇게 했습니까? 하나님의 뜻을 믿었기 때문입니다.

시편 23편 4절에 다윗은 고백합니다.

"내가 사망의 음침한 골짜기로 다닐지라도 해를 두려워하지 않을 것은 주께서 나와 함께 하심이라 주의 지팡이와 막대기가 나를 안위하시나이다"

어떤 고난 중에 있다 할지라도 하나님이 반드시 우리와 함께하심을 믿는 믿음으로 고난 중에도 만족하며 승리하는 성도가 되기 바랍니다.

두 번째, 궁핍에도 만족케 하시는 축복입니다.

17절 말씀입니다.

"비록 무화과나무가 무성하지 못하며 포도나무에 열매가 없으며 감람나무에 소출이 없으며 밭에 먹을 것이 없으며 우리에 양이 없으며 외양간에 소가 없을지라도" (합 3:17)

예전 TV프로그램 중에 '냉장고를 부탁해'라는 프로그램이 있었습니다. 연예인들 집에 있는 냉장고를 갑자기 가져와서 유명한 요리사들이 그 냉장고에서 나오는 재료 만으로 요리를 하는 프로그램입니다. 어떤 냉장고에는 다양한 식재료가 들어있는가 하면, 어떤 냉장고는 진짜 텅 빈 냉장고를 가져온 연예인들도 있습니다. 오래된 김치, 인기 없는 콩자반, 장아찌, 젓갈 같은 것은 어느 집에나 냉장고 열어서 오늘 진짜 먹을 것 없네 라고 말하는 그런 반찬들을 가지고 멋진 요리를 만들어 냅니다. 요리사는 요리사더라고요. 전문가는 말 그대로 없는 반찬에서 요리를 만들어 내는 실력이 있는 것을 보게 됩니다.

하박국이 고백합니다. 무화과나무는 말랐고, 포도나무에 열매가 없고, 감람나무는 소출도 없고, 밭에는 먹을 것이 없고,

우리에 양이 없고, 외양간에는 소도 없다고 말합니다. 말 그대로 없는 것 투성이입니다. 그런데 말씀을 찬찬히 보니 있는 것들이 있습니다. 무성하지 않는 무화과 나무가 있습니다. 열매 없는 포도나무가 있습니다. 소출이 없는 감람나무도 있고, 먹을 것은 없지만 밭이 있고, 양은 없지만 있기만 하면 키울 수 있는 우리가 준비되어 있고, 소는 없지만 튼실하게 소를 키울 외양간은 준비되어 있다라는 것입니다. 없다고 생각하면 아무것도 없어 보입니다. 부족하다고 생각하면 다 부족해 보입니다. 이렇게 없어서 살 수 있겠냐고 낙심하고 절망할 수밖에 없지만 있다고 생각하면 있는 것입니다.

불만족과 만족의 차이가 무엇일까요? 어떻게 보는가에 따라서 완전히 바뀌게 되는 것입니다. 나무가 중요합니까? 열매가 중요합니까? 나무가 중요합니다. 무화과 열매가 중요한 것이 아니라 나무가 중요하고, 포도열매가 중요한 것이 아니라 포도나무가 중요한 것입니다. 열매는 한철 나서 먹으면 끝이지만 나무가 있으면 해마다 철마다 열매는 반드시 맺게 됩니다. 밭에 곡식이 중요합니까? 밭이 중요합니까? 당장에 먹을 곡식이 없다 하더라도 밭만 가지고 있으면 무엇이든지 심으면 심는 대로 거두게 되는 것입니다. 없는 것만 생각하면 아무것도 없습니다. 그러면 우리는 절대로 만족할 수가 없습니다. 하나님, 내 삶에는 왜 이렇게 없습니까? 물질도 없고, 건강도 없고, 사람도 없고, 기쁨도 없고, 행복도 없고, 없는 것 밖에 없다고 생각하면 원망이 나옵니다. 좌절과 절망밖에 없는 것입니다.

아담과 하와는 에덴동산에 있었습니다. 에덴동산이 어떤 곳입니까? 하나님이 모든 것을 다 만들어 놓으신 곳입니다. 그런데 그들은 그곳에서도 만족하지 못했습니다. 결국 선악과에 손을 대고 맙니다. 먹지 말아야 할 선악과를 먹은 것은 무엇 때문입니까? 자신들에게 있는 것은 보지 못하고 없는 그것, 하나님이 절대로 손대지 말라는 것에 욕심을 부린 것입니다. 결국 그 에덴에서 쫓겨나게 되었습니다. 사람이 왜 시기를 합니까? 왜 욕심을 부립니까? 왜 만족하지 못합니까? 자꾸 없는 것만 생각하기 때문입니다. 시간이 없어서, 물질이 없어서, 여유가 없어서, 건강이 없어서, 아직 자리가 잡히지 않아서, 아직 환경이 주어지지 못했기 때문이라 핑계를 댑니다.

우리의 삶에 감사를 잃어버린 이유가 여기에 있습니다. 없다고 생각하니까 만족하지 못하고, 만족하지 못하니까 아직 감사하기는 이르다고 생각하는 것입니다. 그러나 주신 것을 생각한다면 감사할 수 있습니다. 주신 것을 생각한다면 우리는 만족할 수 있습니다.

오늘 본문에서 왜 이렇게 없는 것들을 나열하고 있을까요? 반어법을 사용해서 말씀하고 있는 것입니다. 없는 열매를 보지 말고 나무만 있다면 열매 맺게 하시는 하나님을 의지하라, 밭에 먹을 것이 없는 것만 보지 말고 그 밭에서 기르시고 채우실 하나님을 의지하라, 우리에 양과 소가 없는 것만 보지 말고 빈 우리를 채우실 하나님의 능력을 의지하라는 것입니다.

하나님은 비어있는 곳에 더 크게 채워 주신다는 것을 기억해야 합니다. 온 마을을 다 뒤져서 빈 그릇 가져오라고 해서 그 빈 그릇에 가득히 기름을 채워 주시고, 사르밧 과부의 마지막 남은 가루와 기름을 받으신 후 가루통과 기름통이 마르지 않게 만드신 축복, 빈 그릇이 크면 클수록 하나님은 더 큰 은혜와 축복으로 채워주십니다. 그릇만 있으면 채우시는 것은 하나님이 채워주심을 믿으십시오.

우리 삶에 없는 것만 찾지 마세요. 있는 것부터 찾아보세요. 나에게 오늘도 건강을 주셔서 예배하게 하시고, 살아갈 물질 주셔서 헌신하게 하시고, 가정과 집을 주셔서 안식을 누릴 수 있게 하신 것, 일할 수 있는 힘과 일터를 주셔서 살아가게 하셨습니다. 물론 우리의 삶에 필요한 것들이 많이 있습니다. 궁핍한 것이 왜 없겠습니까? 그런데 하나님은 우리에게 필요한 것을 우리 자신보다 더 잘 알고 계십니다.

마태복음 6장 31-32절에 보면

"그러므로 염려하여 이르기를 무엇을 먹을까 무엇을 마실까 무엇을 입을까 하지 말라 이는 다 이방인들이 구하는 것이라 너희 하늘 아버지께서 이 모든 것이 너희에게 있어야 할 줄을 아시느니라"

이 말은 무엇을 의미합니까? 하나님이 채우신다는 것입니다. 만족케 하신다는 것입니다. 채워진 후 만족하는 것은 누구나 할 수 있습니다. 그러나 없어도 만족할 때, 궁핍 속에서도 하나님을 의지하며 만족함으로 감사할 때 하나님께서 열매도 채우시고, 밭에 식물도 채우시고, 빈 우리에 양 떼와 소 떼도 채워 주실 줄 믿습니다. 이 만족의 축복이 임하기를 바랍니다.

세 번째, 하나님으로 만족케 하시는 축복입니다.

18-19절 말씀입니다.

"나는 여호와로 말미암아 즐거워하며 나의 구원의 하나님으로 말미암아 기뻐하리로다 주 여호와는 나의 힘이시라 나의 발을 사슴과 같게 하사 나를 나의 높은 곳으로 다니게 하시리로다…" (합 3:18~19)

프랑스의 수학자이자 신학자였던 파스칼 말했습니다. '모든 사람의 마음에는 하나님이 만드신 하나의 공간, 즉 공백이 있다. 이것은 어떠한 피조물로도 채울 수 없고 오직 예수 그리스도를 통하여 하나님만이 채워주실 수 있는 공백이다.' 우리 안에는 하나님만으로 채울 수 있는 공간이 있습니다. 그런데 그것을 알지 못하는 사람들은 세상의 것으로 채우려고 합니다. 그러나 그 어떤 것으로 아무리 채우려고 해도 채울 수가 없는 이유는 그곳은 하나님밖에 채우실 수 없는 공간이라는 것입니다. 하나님이 채우셔야 완성되고 만족케 되는 것이지 다른 것으로 채우려고 하면 그 공허함은 더욱 커지는 것입니다. 갈증은 생수로 채워야 하는 것이지, 바다에 물이 많다고 바닷물을 마시면 마실수록 갈증에 더 시달리게 되고 결국 탈수증으로 죽게 되는 것입니다.

하박국 선지자가 고난과 궁핍 중에 깨닫게 된 것이 무엇입니까? 하나님만이 만족케 하시고, 하나님밖에는 기쁨이 없다라는 것입니다. 성도에게 있어서 참된 기쁨은 어디에 있습니까? 하나님 안에서만 발견되는 것입니다. 하나님 그분이 나의 기쁨이 되시고, 하나님이 나의 즐거움이 될 때 비로소 우리는 참된 만족의 축복을 얻는 것입니다. 그래서 다윗은 시편 16편 2절에 "주 밖에는 나의 복이 없다"고 고백했습니다.

하박국은 18절에 고백합니다.

"나는 여호와로 말미암아 즐거워하며 나의 구원의 하나님으로 말미암아 기뻐하리로다" (합 3:18)

지금의 삶은 무엇으로 기뻐하고, 무엇으로 즐거워하고 있습니까? 요즘 삶이 힘들어서 기쁜 일도 없고 즐거운 일도 없습니까? 그렇다면 무엇이 있다면 기뻐할 것 같고, 무엇이 있다면 즐거워하시겠습니까? 우리가 만족하지 못하고 늘 낙심과 염려와 근심하는 이유가 여기에 있습니다. 하나님 한 분 만으로 만족하지 못하니까 감사하지 않고 기뻐하지 않는 것입니다. 만족하지 못하게 되면 어떻게 됩니까? 불평하게 되어 있습니다. 사람에게도 마찬가지 아닐까요? 부모가 자녀에게 만족하지 못하면 자꾸 잔소리를 합니다. 자녀가 부모에게 만족하지 못하면 자꾸 속 썩이는 겁니다. 남편과 아내가 서로에게 감사하고 만족하지 못한다면 서로 상처를 주고 사이가 갈라지는 것입니다. 그러나 그 사람 자체로 만족하면서 어떻게 됩니까? 함께 있는 것만으로도 감사하다는 것을 깨닫게 됩니다.

하나님은 어떤 하나님이십니까? 전능하신 하나님이십니다. 고통의 문제도 해결하시고, 인생의 궁핍도 해결하시는 하나님이십니다. 하나님 말고 우리가 또 어디에서 만족을 얻을 수 있을까요. 그래서 하박국은 나의 만족 되신 하나님을 어떻게 고백합니까? '나의 구원의 하나님'이라고 고백합니다. 구원의 하나님이시라는 것은 이 땅의 삶의 문제에서 구원하시는 하나님이시면서 또 영적으로 사망에서부터 우리를 구원하실 하나님을 고백하고 있는 것입니다.

하나님 한 분만으로 만족하기 바랍니다. 이것은 하나님만 의지한다는 것입니다. 하나님만 바라본다는 것입니다. 하나님은 우리가 하나님만 바라보는 것을 절대로 부담스러워하지 않으십니다. 사람은 나만 바라보고 있으면 부담이 됩니다. 나만 의지한다면 부담이 됩니다. 그러나 우리 하나님은 능력의 하나님이십니다.

시편 62편 5절에 고백합니다.

"나의 영혼아 잠잠히 하나님만 바라라 무릇 나의 소망이 그로부터 나오는도다"

하나님만 의지하고 하나님만 바라보는 자, 하나님께서 그의 삶을 만족케 하시며 영원한 삶과 만족함의 축복을 베풀어주십니다.

말씀을 맺겠습니다. 만족의 축복은 만족할 때까지 채워주시는 축복이 아닙니다. 고통의 문제를 소망으로 바꾸시는 축복이고, 궁핍의 문제를 채우신다는 믿음으로 바꾸시는 축복이고, 아무것도 없어도 하나님 한 분만으로 만족할 수 있는 삶으로 살게 하시는 축복입니다. 하박국 선지자는 절망적인 상황 속에서도 만족케 하시는 하나님을 찬양하였습니다. 그래서 하박국의 말씀의 시작은 절망으로 시작했지만 그의 마지막은 만족함으로 끝나게 되는 것입니다. 하나님 한 분만 나와 함께 하신다면 어떠한 부족함과 궁핍함과 절망 가운데 있다 할지라도 하나님은 우리를 만족케 하시고 풍성케 하실 줄 믿습니다.

우리의 삶에 궁핍함이 있습니까? 만족하지 못하는 삶을 살아가고 있습니까? 다른 데서 찾지 말고 여러분을 향해 넓은 팔을 펼치고 계시는 하나님 안으로 들어오시기 바랍니다. 하나님 안에 있으면 내가 그토록 찾아 헤매던 인생의 행복과 만족, 참된 기쁨과 평화를 얻을 수 있습니다.

이사야서 55장 1절에 말씀합니다.

"오호라 너희 모든 목마른 자들아 물로 나아오라 돈 없는 자도 오라 너희는 와서 사 먹되 돈 없이, 값 없이 와서 포도주와 젖을 사라"

하나님은 모든 것을 우리에게 베풀어주시는 분이십니다. 주님이 주시는 참된 만족의 축복을 얻는 성도가 되시기 바랍니다.